미소우울증

미소우울증

죽을 만큼 힘든데
난 오늘도 웃고 있었다

홍혜인 지음
강초아 옮김

오렌스트

미소우울증에 관한
여섯 가지 질문

첫 번째 질문 : 미소우울증이란 무엇인가?

영국 케임브리지대학교의 연구원 올리비아 레메스Olivia Remes는 미소우울증Smiling depression을 겪는 사람을 가리켜 "**우울증 문제가 있으나 이를 성공적으로 감추고 있는 사람**"이라고 정의한다. 이들은 즐겁게 지내는 듯 보여도 실제 내면은 심각하게 우울하다.

미소우울증과 우리는 어떤 관계일까?

지금은 만성 중독의 시대다. 여러 가지 문제에 천천히 중독되어 자신의 심리 건강과 정서 상태를 정확하게 인식하기 어렵다. 가장 큰 문제는 SNS에 사로잡혀 휘둘린다는 사실이다. 요즘 대부분의 사람들이 SNS에 심각하게 중독되어 있다.

남이 남긴 댓글과 '좋아요' 숫자에 따라 기분이 이랬다 저랬다 한다. SNS는 개인의 감정을 통제할 뿐 아니라 정보를 수집해 사고하고 판단하는 전 과정을 좌우한다. 현대인의 인간관계 및 생활 전반에 영향을 끼치고 있다.

우리가 SNS에 중독되었다는 가장 확실한 증거는 페이스북이 2019년 말에 '좋아요' 숫자를 숨기려고 했다는 것이다. 인스타그램은 그때 이미 '좋아요' 숫자를 보여주지 않았다. '좋아요'를 직접적으로 드러내지 않는 새로운 버전의 페이스북과 인스타그램이 나온 것만 보아도 우리가 얼마나 그 숫자에 일희일비했는지 알 수 있다. **그만큼 우리는 인터넷 사용으로 불안이나 우울 같은 심각한 심리 문제를 얻었다.** 사람이라면 누구나 비교 심리가 있다. 남과 비교해서 부족하면 우울해진다. 남들에게는 "위와 비교하면 모자라고, 아래와 비교하면 남는다"라는 속담을 인용하며 비교하는 것이 얼마나 부질없는지 잘만 조언하면서 막상 자기 일이 되면 비교하지 않을 수 없다. 겉으로는 웃고 있지만 속으로는 계속 남과 나를 비교하고, 그 때문에 힘들어지고 우울해진다.

그러니 누구에게나 미소우울증이 나타날 수 있다.

우울증Depression이라는 말은 누구나 들어보았을 것이다. 다들 우울증에 관해 이러쿵저러쿵 이야기할 수 있을 정도로 관련 지식과 정보가 있다. 주변 사람 누구누구가 우울증을 앓았다 또는 지금도 앓고 있다는 이야기가 흔할 정도다. 그렇다면 미소우울증은 어떨까?

미소우울증은 간단히 말해서 전형적인 방식으로 표출되지 않는 우울증이다. 따라서 증상이 드러나는 방식과 사람들이 우울증에 대해 갖고 있는 일반적 이해가 크게 다르다. 일단, 미소우울증을 앓는 사람은 얼굴을 찌푸리고 다니지 않는다. 이유 없이 눈물을 흘리거나 무기력한 모습을 보이지도 않는다. 죽고 싶은 마음도 드러내지 않는다.

미소우울증을 앓는 사람은 오히려 명랑하고 유쾌하다. 유머러스하고 인기가 많다. **주변 사람들을 웃기고 분위기를 띄우는 역할을 하며, 그런 일을 좋아한다. 그런데 혼자 있을 때는 슬픔에 침잠하고 고통과 절망에서 빠져나오지 못한다. 바로 이런 모습이 주변에서는 전혀 보지 못하고 절대 접할 수 없는 미소우울증 환자의 진짜 모습이다.** 그래서 빠르게 발견하고 개입하여 치료를 권하기가 어렵다. 그만큼 위험한 증상이다.

미국 정신과협회에서 편찬한《정신장애진단 및 통계편

람DSM-V》에는 다음과 같은 우울증 진단 기준이 실려 있다. '오랫동안 정서적 하락을 보이거나 모든 활동에 흥미를 잃고 활동량이 크게 줄며 체중이 눈에 띄게 증가 또는 감소한다. 불면증에 시달리거나 반대로 수면 시간이 과도하게 늘고 매일 피로감과 체력 부족을 느끼며 반복적으로 죽음을 생각한다.' 이처럼 비관적 태도를 보이며 사회적 기능을 상실하거나 죽고 싶다고 느끼는 것 등이 많은 사람들이 생각하는 우울증 증상이다. 하지만 사람마다 그 증상을 드러내는 방식은 같지 않다.

미소우울증을 앓는 사람 역시 앞서 말한 증상과 비슷한 모습을 보인다. 그러나 그 증상이 대개 혼자 있을 때 나타나기 때문에 다른 사람들은 알아채지 못한다. 또는 극소수의 특별히 신뢰하는 친구 앞에서만 드러낸다. 평소에는 미소 띤 가면을 쓰기 때문에 잘 드러나지 않지만 가면 아래에는 아무도 이해하지 못하는 고통과 우울이 가득하다.

그래서 미소우울증을 앓는 사람이 자살하면 주변에서는 깜짝 놀라거나 믿지 못하겠다는 반응을 보인다. "잘 지내던 사람이 왜? 며칠 전에도 통화했는데." "어제도 저녁을 같이 먹었는데, 유쾌하게 웃으면서 올해 하반기에는 어디로 여행을 가겠다는 말도 했는데……." 그랬던 사람이 갑자기 자기 목숨을 끊어버린 것이다.

세 번째 질문 : 미소우울증의 징조와 증상은 무엇인가?

미소우울증의 징조와 증상은 알아채기 어렵다. 우울한 정서와 그와 관련한 증상이 다 숨어 있기 때문이다. 밤마다 잠을 이루지 못한다고 전혀 표현하지 않는데 어떻게 주변에서 그 사람의 불면증을 알아챌 수 있을까? 늘 아무렇지 않게 행동하는데 누가 그 사람이 집에 혼자 있을 때는 눈물 바람이라는 사실을 알 수 있을까?

미소우울증을 앓는 사람은 자신에게 주어지는 사회적 기대에 익숙하다. 주변에서 무엇을 원하는지도 잘 안다. 그래서 늘 '아주 좋아', '다 괜찮아'라는 미소 띤 가면을 쓴다. 그러나 연기력이 아무리 좋아도 연극이 길어지면 지치고, 크든 작든 허점이 드러나 결국은 가면 아래의 모습이 노출되기 마련이다.

이때 그 사람의 심리 문제를 알아차릴 수 있느냐는 그들 주변에 있는 우리에게 달렸다.

우울은 억압하고 숨긴다고 해서 사라지지 않는다. 모든 정서는 반드시 밖으로 내보내는 출구가 있어야 한다. **겉보기에 낙관적이고 명랑한 사람일수록, 긍정적이고 마음이 굳건해 보이는 사람일수록 이런 밝은 모습 안에 우울, 초조, 자기비하, 무기력, 피로, 슬픔, 불안, 공황, 절망 등의 부정적인 감정을 가리고 있는 경우가 많다.** 우울과 관련한 부정적인 감정을 제때 분출하지 않기 때문에 오랜 시간 누적되다가 갑자기 터지거나, 심리적 방어기제라는 이름으로 더욱 견고해진다. 그러면 주변 사람들이 문제를 발견하고 도움을 주기가 더 어렵다.

네 번째 질문 : 어떤 사람이 미소우울증을 앓기 쉬운가?
누구나 미소우울증을 앓을 수 있다. 모든 사람이 그렇다. 왜냐하면 정도 차이만 있을 뿐 누구나 미소우울증의 성격 특징과 경향성을 갖고 있기 때문이다. 우리는 인생의 여러 단계에서 각기 다른 사회적 기대와 역할에 부응해야 한다는 스트레스를 견디며 산다. 잠재되어 있던 성격 특징과 경향성이 어떤 문제나 스트레스와 맞닥뜨리면서 갑자기 밖으로 드러나거나 전보다 강화되는 것뿐이다. 바넘효과Barnum effect(보편적으로 적용되는 성격 특성이 자신과 일치한다고 믿는 현상 — 옮긴이)에서 말하는 것처럼, 사람들은 자신의 성격을 묘사하는 표현이 전부 정확하다고 믿는 경향이 있다. 그러나 이런 성격 묘사는 모호하거나 보편적이어서 대부분 세상 누구에게도 들어맞는다. 다시 말해 모든 사람에게 적용될 수 있다.
성격 묘사를 두고 맞다, 틀리다 딱 잘라 구분할 수 없는 것처럼, 미소우울증도 특정 사람들에게만 해당하는 것은 아니다.

이는 우리가 흔히 듣는 스트레스 저항성이라는 단어와 많이 닮았다. 스트레스에 저항할 수 있는가? 저항할 수 없는가? 스트레스 저항성이 높은지 낮은지는 삶의 여정이 다 끝났을 때 비로소 결론 내릴 수 있다. 맡은 바 사회적 역할, 인생의 흐름, 학습과 성장 등을 통한 성숙도에 따라 사람마다 각기 다른 스트레스 저항성을 가진다. 저항성은 있거나 없는 것이 아니라 상대적이다.

이 책에서는 미소우울증에 걸릴 가능성이 높은 사람을 두 가지 방면으로 설명할 것이다. 첫 번째는 사회 환경으로 인한 스트레스 또는 다양한 역할을 수행해야 한다는 스트레스가 심한 경우다. 예를 들어 부모 세대와 자식 세대 사이에 끼인 샌드위치 세대, 성적이 매우 우수한 학생, 이혼 가정 자녀, 쇼윈도 부부, 사회적 유명인사, 인플루언서, 동성애자 등이다. 두 번째는 심리 상태로 인해 미소우울증에 걸릴 가능성이 높은 경우다. 지각력이 왜곡되어 있거나 타인의 평가에 민감한 사람, 심리적 방어기제가 강한 사람, 과도하게 예민한 사람, 타인에게 지나치게 공감하는 사람 등이 이에 해당한다.

다섯 번째 질문 : 내가 미소우울증이라고 생각되면 어떻게 해야 할까?

먼저 우울의 원인을 찾아라. 우울한 데에는 원인이 있다. 태어날 때부터 우울한 사람은 없으니까 말이다. 그렇다면 내면을 직시하고 탐색해서 우울감을 일으키는 원인을 찾아내야 한다. 불확실한 사회적 기대, 자아에 대한 불합리한 요구, 자신을 가로막는 신념 등을 조정하거나 없애야 한다. 이런 과정은 개개인이 평생 해야 하는 과제다.

그리고 믿을 수 있는 가족, 친구에게 상황을 털어놓는 것이 필요하다. 우리는 외딴 섬이 아니다. 내면에 겹겹이 쌓아둔 걱정이나 고민을 믿을 수 있는 가족과 친구에게 드러내야 한다. 그들은 우리 내면의 고통을 이해해줄 수 있고 우리에게 필요한 것을 채워줄 수 있다. 쉽지 않을지도 모른다. 살다 보면 한두 번은 믿음을 배신당하기 마련이니 말이다. 하지만 사람은 반드시 내면을 이해해주는 친구가 필요하다. 신뢰를 주고받으면서 타인을 믿는 경험을 쌓아야 한다. 그래야 그들도 우리를 기다려주고 우리에게 관심을 보일 것이다.

또한 전문가의 도움을 두려워하지 말아야 한다. 점점 더 많은 사람들이 심리학을 전공하는 추세다. 정신과 의사, 임상심리사, 상담심리사 등 다양한 전문가들이 있으니 그들의 도움을 받으면 미소우울증 문제를 해결할 수 있다. 심리치료는 전문적인 직업윤리에 따라 비밀 준수 원칙을 지킨다. 사생활과 비밀이 다른 사람에게 알려질까 봐 걱정하지 않아도 된다.

여섯 번째 질문 : 주변 사람이 미소우울증을 앓고 있다면 어떻게 도와주어야 할까?

옆에 함께 있어주는 것이 관계 형성의 기본이자 출발점이다. 함께하는 것이 왜 중요할까? 진정한 의미에서 서로 도움이 되는 관계는 쉽게 구축되지 않는다. 많은 사람이 누군가와 함께 있는 순간에도 휴대전화를 손에서 내려놓지 않는다. 두세 가지 일을 동시에 하느라 상대에게 집중하지 않는다. 단순히 함께 있는 것 외에도 관계를 잘 형성하는 것이 무척 중요한데, 관계가 안정되어야 서로의 말에 귀를 기울일 수 있기 때문이다.

사람들은 효과가 곧장 나타나기를 바란다. 효과가 빠르면 빠를수록 좋다고 생각한다. 하지만 주변 사람을 도와 우울증에서 벗어나게 하고 싶다면 마음을 급하게 먹어서는 안 된다. 실제로 문제가 빠르게 해결되지도 않는다. 미소우울증을 앓는 사람은 매우 예민한 상태다. 주변에서 조급해하면 스트레스만 더 커질 뿐이다. 자신이 주변에 민폐를 끼친다거나 부담을 준다고 생각하기 쉽다.

따라서 이들을 압박하거나 강요하지 말아야 한다. 그럴수록 그들은 점점 더 멀어지고 감정과 내면의 상처를 감출 것이다.

말하고 싶을 때면 우리가 반드시 그곳에 있을 것이고 귀 기울일 것이라고 느끼게 해야 한다. 그때까지는 서로 시험을 치르는 것과 같다. 그 시험은 당신이 믿을 만한 사람인지 아닌지 지혜와 인내심을 평가하는 시험이다. **심지어 도움을 주려는 당신도 다른 사람에게 도움을 청하고 조언을 구하는 것이 좋다.** 그래야 쉽게 포기하지 않고 적절한 도움을 건넬 적절한 시기까지 기다릴 수 있기 때문이다.

마지막으로 충분한 신뢰와 안전감이 쌓여야 한다. 미소 우울증을 앓는 사람을 멋대로 평가하거나 비판해서는 안 된다. 우리는 저도 모르는 사이에 타인의 생각과 행동을 자기 기준에서 판단한다. 우선 상대방의 경험과 감정을 존중하면서 이야기를 들어주어야 한다. 당신은 아주 아늑한 나무가 되어야 한다. 그 사람이 안심하고 기댈 수 있어야 하며 오랫동안 바깥으로 드러내지 못했던 고통, 고민, 스트레스 등을 토로할 수 있어야 한다. 당신과의 관계를 충분히 신뢰하고 안심할 수 있을 때 그 사람은 비로소 당신의 생각에 귀 기울일 것이며, 당신이 전문적인 도움을 받아보자고 권할 때 그 의견을 쉽게 받아들일 것이다.

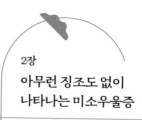

2장
아무런 징조도 없이
나타나는 미소우울증

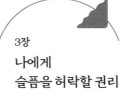

3장
나에게
슬픔을 허락할 권리

아픔을 감추기 위한 웃음

갑작스러운
죽음

**갈수록 늘어나는
미소우울증**

보이는 것이 전부가 아니다. 유명한 코미디언이자 수많은 상을 받은 할리우드 배우, 로빈 윌리엄스를 기억하는가? 짐 캐리 역시 독특한 눈빛과 과장된 표정 연기로 많은 사랑을 받았다. 아역 배우 출신으로 웃는 모습이 사랑스러운 드류 배리모어도 달콤한 로맨틱 코미디 영화에 많이 출연했다. 그런데 이들은 겉으로 보이는 밝은 모습과 달리 우울증으로 고통받은 경험이 있다.

1장 아픔을 감추기 위한 웃음

햇빛이 비치는 곳에
그림자가 진다

옥스퍼드대학교는 코미디 배우가 더 쉽게 우울증에 걸린다는 연구 결과를 내놓은 적이 있다. 비록 로빈 윌리엄스의 아내는 그의 자살이 우울증 때문이 아니라 루이소체 치매로 인한 신체 기능의 퇴화를 견디지 못해서였다고 밝혔지만, 확실히 점점 더 많은 사람들이 웃는 얼굴 뒤로 눈물을 감추고 있다. 단지 그 눈물을 다른 사람들이 알아차리지 못할 뿐이다.

그들은 미소 짓고 있지만 내면 깊은 곳에서는 끝없이 고통받고 있다. 아무도 알 수 없는 우울감에 오랜 기간 침잠해 있는 경우가 많다.

이번에는 아시아로 시선을 돌려보자. 한국에서는 이따금 스타들의 자살 소식이 들려온다. 무대에서 춤추고 노래하며 매력을 발산하던 이들이, 며칠 전까지만 해도 인스타그램에 새 사진을 올리고 팬카페에 글을 썼던 이들이 돌연 자살했다는 것이다. 사업적으로도 성공하고 수많은 팬들의 사랑과 박수를 받으며 행복해 보이던 스타가 며칠 뒤에 세상을 떠났다는 허망하고 가슴 아픈 소식을 전한다.

몇 년 전 일본에서도 유명한 극작가로 여러 문학상을 휩

썼었던 노자와 히사시野沢尚가 목을 매 자살한 일이 있었다.

중국어권에서는 어떨까? 영원히 기억될 영화 〈패왕별희霸王別姬〉의 장궈룽張國榮 역시 마천루에서 뛰어내려 자살을 선택했다. 보통 사람은 상상할 수도 없을 만큼 찬란하게 빛나던 삶을 그렇게 마감한 것이다. 늘 밝고 활기찬 이미지로 예능 프로그램을 진행하던 대만 방송인 셰이펀謝怡芬 역시 눈물을 흘리며 우울증으로 힘들었던 사연을 밝힌 바 있다.

이들은 잘 알려진 공인이었다는 점 외에도 공통적으로 성격이 밝고 명랑했으며 사람들을 잘 웃겼다. 그러나 겉으로 보이는 모습과 달리 우울증을 앓았다. 심지어 어떤 이들은 자살로 삶을 마감해 지켜보는 사람들을 마음 아프게 했다. 공인의 자살은 안타까울 뿐 아니라 이상하고 앞뒤가 맞지 않는 것처럼 보인다.

밝은 얼굴에 짙은 그림자가 진다. 이는 연예계나 문학계, 정계 등 유명한 사람들에게만 국한된 현상이 아니다. 우리 주변에서도 아무도 모르게 힘들어하다가 죽음을 선택하는 사람이 나타나곤 한다. 문제가 터진 다음에야 알게 될 뿐이다. 몇 년 전 동창회에서 환하게 웃던 친구의 얼굴이 단지 용감하고 굳건해 보이는 가면에 불과했다거나, 며칠 전에도 평소처럼 전화로 수다를 떨며 행복한 웃음소리를 터트렸던 친구가 사회적으로 기대되는 모습을 꾸며서 연기한 것뿐이였음을 알게 되는 것이다.

미소우울증에 관하여

케임브리지대학교의 올리비아 레메스는 미소 우울증을 앓는 사람을 가리켜 "우울하지만 우울증 문제를 숨기는 데 성공한 사람"이라고 설명했다. 이런 사람들은 겉으로는 즐거워 보여도 내면은 몹시 우울하다.

가벼운 우울감에서 우울증까지는 연속된 빛의 스펙트럼과 같다. 감정은 어느 한쪽에 고정되지 않고, 양극단을 끊임없이 오가면서 변화한다. 감정은 매일 벌어지는 일상생활의 사건에 따라 그때그때 달라진다. 크든 작든 외부세계의 자극을 받으며 손쓸 수 없을 만큼 긴급한 상황으로 치닫기도 한다. 오랜 기간 누적된 스트레스는 사회나 가정의 환경 요인 또는 개인의 사고방식, 성격, 행동반응 등에 따라 복잡하게 영향을 주고받으며 변화한다. 그래서 자신의 정서 상태를 알아차리는 일이 매우 중요하며 우울한 감정을 가볍게 지나치면 안 된다.

미소우울증을 앓는 사람들은 우울증 문제를 숨기는 데 성공한 만큼 대개 뛰어난 능력을 가졌다. 바꿔 말하자면, 몸담고 있는 분야의 엘리트이자 오피니언 리더인 경우가 많다. 타인의 시선으로 볼 때는 성공한 사람, 걸출하고 우수한 사람의 표본이다. 주변 사람들의 말을 들어보면 객관적으로 우울할 이유가 없다. 그들에게는 훌륭한 직장, 좋은 차와 집, 멋진 배우자가 있다. 가족 중에 누가 아프거나 다른 문제가 있는 것도 아니다.

그렇다면 의문이 생기지 않을 수 없다. 이처럼 모든 것을 다 가진 사람이 왜 우울할까?

사실 사람이란 누구나 자신만의 주관적 경험 속에서 살아간다. 밖에서 보는 객관적 현실이나 주변 사람이 느끼기에 행복할 것 같다는 판단은 의미가 없다. 당사자의 내면세계는 겉보기와 엄청나게 다를 수 있다.

유명인의 자살은
빙산의 일각이다

거대한 전쟁터와 같은 삶에서 누가 자신을 도와줄 수 있을까?

유명인의 자살은 대중적으로 알려진 사건에 지나지 않는다. 이보다 훨씬 많은 사례가 세상에 알려지지 않은 채 지나간다. 카메라 앞에서 우울증 경험을 밝힌 연예인들은 정말 용감하고 심지어 위대하다. 그들은 자기 인생 이야기를 다른 사람들과 공유했지만, 훨씬 많은 사람들이 삶의 마지막 순간까지 내면을 보여주지 못하기 때문이다. 누구보다 가깝다고 생각하는 사람들에게조차 우울증을 밝히지 못하는 경우도 있다.

우울증을 공개한 사람들은 자신이 다른 사람들이 생각하는 것과 달리 자신이 긍정적이거나 적극적이지 않다는 것을 인정하고 모든 방황과 연약함, 어두운 생각, 파괴적 행동 등을 밝혔다. 견디기 힘든 밤에 소리 죽여 울었던 시간도 많았다고 이야기했다. 또한 우울증은 부끄러운 일이 아니며 누구나 겪을 수 있는 흔한 일이라는 인식을 심어주었다.

앞서 언급한 유명인사 외에도 내 주변에서 누군가 이런 일을 겪고 있지 않을까?

창업 1세대로 언제나 도전에 맞서 싸울 준비가 되어 있는 사장, 회사에서 중요한 전략을 수립하는 고위 임원, 눈에 띄지는 않지만 오랫동안 가족을 돌보는 책임에 짓눌려온 장기 간병자, 부모 세대와 자식 세대 사이에 끼어 이러지도 저러지도 못하는 샌드위치 세대, 화목해 보이지만 사실은 파편화된 문제적 가정, 타지에서 사업하는 배우자가 오랫동안 가정을 돌보지 않거나 배우자의 조울증으로 결혼생활을 유지하기 힘든 상황에서도 사회적 체면 때문에 억지로 남아 있는 쇼윈도 부부, 가족에게 인정받지 못하고 사회적으로 차별받는 동성애자, 오랜 투병생활에 지친 만성질환자 등 다양한 사람들이 미소우울증을 앓을 수 있다.

이들 중에는 성실하게 일하고 자기 책임을 다하며 겉으로 보기에 행복하게 살아가는 경우가 많다. 심지어 긍정의 화신으로 여겨지는 경우도 있다. 하지만 아무도 보지 않는 곳에서는 심하게 불안해하고 장기간 우울감에 빠져 있으며 지속적인 불면에 시달리고 있다.

우울증과 정상의 회색지대

주요 우울장애 Major depression disorder **진단을 받지 않았더라도, 항우울제를 복용하지 않더라도, 과거에 우울하지 않았다거나 앞으로 우울하지 않을 거라는 보장은 없다. 우울하다는 감정을 전혀 느끼지 않는 사람은 없기 때문이다.**

모든 사람이 매 순간 정서의 양극단을 오간다. 누구나 회색지대에 있다. 우울증을 앓는 사람과 그렇지 않은 사람의 차이는 지금 이 순간 한쪽은 우울감이 짙은 회색지대에 있고 다른 한쪽은 옅은 회색지대에 더 가까이 있다는 것뿐이다.

자살 사건이 보도될 때마다 사람들은 자살자의 심리 상태를 추측하고 퍼즐 조각처럼 끼워 맞춰 하나의 이야기로 만들려고 노력한다. 만약 우울증을 증명할 수 있는 사실을 찾아내지 못하면 사소한 무언가라도 끄집어내려고 한다. 어쨌든 이유를 찾아서 왜 자살했는가에 대한 그럴듯한 설명을 찾아내려는 것이다.

　　우울증을 증명하는 것은 어렵지 않다. 다만 이런 노력이 전부 사후에 이뤄진다는 사실이 안타깝다. 사람들은 선택적으로 증거를 수집한다. 예를 들면 자살한 사람의 가까운 친구를 만나서 그가 우울증을 앓았던 흔적을 찾아보려 하는 것이다. 그렇게 해서 달라질 것이 있을까? 시간을 되돌릴 수도 없지 않은가.

　　중요한 것은 어떻게 해야 이런 일이 일어나지 않을지 미리 살피고 방비하는 일이다. 어떻게 하면 그들이 조기에 우울증을 발견하고 내면의 구조 신호를 알아차려서 가까운 사람들에게 털어놓고 극단적인 선택을 하지 않을 수 있을지를 생각해야 한다.

당신은
해피 바이러스인가

연약함과 우울함을
허락받지 못한 사람들

그런 사람들이 있다. 유머러스하고 재치 넘치는 말솜씨로 언제 어디서나 관심을 한 몸에 받는 인기인들. 행복한 기분을 전염시키는 해피 바이러스. 이들이 있는 곳은 늘 기분 좋은 웃음이 가득하고, 같이 있으면 봄바람이 감돈다.

사람들은 이들과의 만남을 손꼽아 기다리고 어떻게든 좀 더 가까워지고 싶어 한다. 이들을 생각하면 따스한 봄날이나 찬란한 햇빛이 떠오른다.

해피 바이러스라고 불리는 사람들은 우울할 권리가 없다. 세상은 이들이 우울한 감정을 느끼면 안 되는 것처럼 군다. 마냥 미소만 지어야 하고 결코 눈물을 흘려서는 안 된다고 말이다.

　주변을 둘러보자. 당신 곁에도 햇살처럼 반짝이는 인기인이 있을 것이다. 누구에게나 사랑받고 부러움을 사는 사람들. 당신도 그들처럼 밝고 성격 좋은 사람이 되고 싶다고 생각할지 모른다. 하지만 그들이라고 영원히 즐거울까? 어쩌면 우리는 그들을 진정으로 이해하려고 시도한 적이 없는 것은 아닐까?

그 사람이 우울할 줄은 몰랐다

　드라마나 영화 속 코미디 배우를 떠올려보자. 유머의 대가인 그들은 마음의 연약함이나 우울함을 허락받지 못한다. "그 사람이 우울할 줄은 몰랐어요!" 유머러스하다는 칭찬 때문에 그들은 언제 어디서나 활짝 웃고 있어야 한다. 세상 사람들이 그런 모습을 기대하기 때문이다. 이와 비슷한 사례는 수없이 많다.

　"그 사람은 자녀교육 전문가라면서 자기 아이와는 사이가 나쁘더군요. 그런 사람이 방송에 나와서 교육 이론이 어쩌고저쩌고 떠들다니, 그 말을 누가 믿겠어요?"

"저 의사는 암을 앓고 있대요! 자기 병도 못 고치면서 건강서를 쓰다니, 그런 책을 읽어도 될까요?"

"아니, 정신과 의사에 심리치료 전문가라는 사람이 우울증에 걸렸다고요? 정신과 진료도 받고요? 그렇다면 의학적으로 전문성이 떨어지는 거 아닌가요?"

구체적인 내용은 달라도 이런 이야기는 끝이 없다. 치과 의사는 충치가 있으면 안 된다, 국어 선생님은 비문을 쓰면 안 된다……. 그러니 미소우울증을 앓는 사람이 어떻게 자신의 속마음을 털어놓을 수 있을까? 세상 사람들은 미소를 '힘들지 않다', '나는 신뢰할 수 있는 전문가다', '걱정할 일은 하나도 없다'라는 뜻으로 받아들인다. 그러나 미소를 전부 이렇게 이해하면 그 사람의 진짜 모습과 괴리가 생길 수밖에 없다.

완벽한 사람은 없다

더 안타까운 사실이 있다. 미소우울증을 앓는 사람은 마음속 고통을 완벽하게 감추지 못해서 주변 사람들에게 불행한 표정을 들켰을 때, 연약함과 우울함이 밖으로 드러났다는 사실에 좌절하고 슬퍼한다. 더 나아가 그런 자신을 부정적으로 평가한다.

당신이 미소우울증을 앓고 있다고 가정해보자. 사람들이 언제나 당신에게 밝은 모습을 기대하고 당신의 직업 전문성과 인생이 완전히 일치하기를 바란다고 해서 반드시 그 기대에 맞춰 살아야 할까?

유쾌하고 재미있는 이미지로 각인된 사람도 마음속에는 말로 표현하기 어려운 쓸쓸함, 대놓고 보여주기 힘든 연약함이 있기 마련이다. 주변에서는 '그 사람이라면 절대 힘들지 않을 거야'라고 생각할지 모르지만, 맑은 날이 있으면 흐린 날도 있는 법인데 사람이 어떻게 24시간 내내 즐겁고 행복하기만 할 수 있을까?

주변의 누군가가 미소우울증이라는 사실을 알게 되면 사람들은 가장 먼저 의아함을 내비치거나 받아들이기 힘들어한다. 그런데 이런 반응이 미소우울증을 앓는 사람에게는 또 다른 상처가 된다.

해피 바이러스라고 불리는 이들도 결국은 사람이다. 유쾌한 성격 덕에 다른 사람들에 비해 마음의 힘이 조금 더 강할지도 모르지만, 어떤 시련이 닥쳐도 이겨낼 수 있다거나 매사에 행복을 느끼는 것은 아니다. 이 세상에 그들을 정서적으로 힘들게 하고 고통스럽거나 절망스럽게 하는 적이 존재할 수 없다는 생각은 버려라.

타인의 기대에 얽매이거나
휘둘리지 말 것

살면서 타인의 기대에 부응하는 길을 선택해도 좋다. 하지만 동시에 타인의 기대에 부응하지 않는 길을 선택할 수도 있음을 기억해야 한다. 내가 좋아하는 일, 내 필요와 가치관에 부합하는 일만 해도 된다.

타인의 기대에 휘둘리지 않으려면 그 기대의 범위를 스스로 정해야 한다.

만약 타인의 기대에 부응하기로 결정했다면, 점수나 기준을 스스로 정하는 것이 좋다. 반드시 최고점을 받아야 할까? 적당히 좋은 점수를 받아도 대단한 일이다. 꼭 100점을 받아야 할까? 80점도 훌륭하다.

사람은 무조건적으로 사랑받고 싶고 무조건적으로 돌봄받고 싶기 마련이다. 하지만 현실적으로 이뤄지기 힘든 이상적인 목표라는 것도 다들 잘 알고 있다. 대다수 사람은 그런 무조건적 사랑을 받지 못한다. 부모와 자녀 사이에서도 쉽지 않다.

당신 인생에서 주변 사람은 관중일 뿐이며 당신이야말로 주인공이다.

그럼에도 사람들은 당신에게 성격, 학벌, 직업, 외모, 인간관계에 관해 계속 기대하고 요구할 것이다. 하지만 기대하는 수준이 합리적이어야 한다. 과한 기대는 거부해야 한다. 타인의 기대에 얽매이거나 휘둘리지 않아도 된다.

예를 들어 '널 위해서 하는 말이야'라는 말도 일종의 기대다. 이 말에는 '네가 더 잘됐으면 한다'는 기대가 담겨 있다. 만약 당신이 그런 기대에 미치지 못하면 어떻게 될까? 그래도 상관없다. 왜냐하면 당신과 그 사람은 서로 다른 존재이기 때문이다.

절이나 도교 사원에 가서 소원을 빌어본 적이 있을 것이다. 영험하다는 신령들조차 모든 사람의 소원을 다 들어주지는 못한다. 하물며 평범한 인간인 우리야 더 말할 것도 없다. 타인이 나에게 거는 기대란 본질적으로 그 사람이 나에게 비는 소원과 같다. 내가 애써 노력하여 그 사람의 소원을 들어줄 필요가 있을까?

타인의 기대에 순응하여 그 소원을 이뤄주었다고 가정하자. 그 사람은 앞으로 더 많은 기대를 할 것이다. 합리적인 수준을 넘어선 과한 기대가 될 것이다.

솔직히 말해서 합리적인 기대라고 해도 꼭 받아들일 필요는 없다! 왜? 삶의 주재자는 나 자신이니까.

예를 들어 살집이 넉넉한 자신의 몸을 좋아하는 사람이 있다고 하자. 그 사람은 몸무게가 표준을 넘어도 아무렇지 않을 것이다.

술을 좋아해서 많이 마신다고 해도 다른 이에게 피해를 주거나 문제를 일으키지 않는다면 술을 마시는 일은 그 사람의 자유다. 따라서 아무리 합리적인 기대일지라도, 당신의 몸을 좀 더 건강하게 만들어줄 기대와 요구일지라도, 반드시 그대로 따를 이유는 없다.

미소 뒤에 숨겨진 연약함

타인의 기대를 만족시켜야 한다는 생각 뒤에는 일종의 연약함이 숨어 있다. 미소우울증을 앓는 사람은 자신에게 그런 면이 있음을 직시하고 인정해야 한다.

누구나 좋은 이미지를 유지하려는 욕구가 있다. 하지만 허상에 불과한 이미지에서 벗어나 자기 내면의 연약함을 직시하고 다른 사람의 도움이 필요한 자신의 모습을 인정하는 용기 역시 필요하다. 그래야 미소우울증을 넘어설 수 있고, 내면에서 시작된 성장이 뻗어나가 겉모습과 마음이 일치되는 경험을 할 수 있다.

만약 당신 주변에 미소우울증을 앓고 있는 사람이 있다면, 그 사람이 당신이 아끼는 사람이라서 그를 돕고 싶다면,

절대 그를 강요하지 않아야 한다는 점을 기억해야 한다.

무엇을 어떻게 강요하지 않아야 할까? 우선 그 사람의 연약함을 대놓고 지적하면 안 된다. 연약함을 지적받으면 그 사람은 난처해하면서 더 깊숙이 숨어버릴 것이다.

묵묵히 곁을 지키며 단단하고 안정된 마음을 전해주어야 한다. 점진적으로 신뢰를 쌓아야 한다. 관계에서 안정감을 얻게 되면 그 사람은 몰아붙이지 않아도 자연스럽게 속마음을 꺼낼 것이다.

사랑이야말로 우리 모두가 도달하고자 하는 곳이다.

질책과 비판, 평가와 판단, 기대와 요구가 없는 곳, 당신이 원하는 것처럼 마음이 편안하고 자유로운 곳이다.

더는 완벽을 추구하지 말자.
자신을 괴롭히고 몰아붙이지 말자.
거기서부터 나 자신, 다른 사람들
그리고 이 세계에 대한 안정과 신뢰가 생긴다.
완벽함이란 일종의 틀이자 한계이며
융통성 없는 공간이다.

완벽하지 않은 자신을 받아들이는 법을 배워야
세상의 기준을 떠나 진정으로
자신을 사랑할 수 있게 된다.
당신은 존재 그 자체로 아름답다.
자신을 세속의 표준이나 사회적 정의에
맞추지 않아도 된다.
이 사실을 진정으로 이해하고 체득했을 때
완벽주의는 그 쓸모를 잃게 될 것이다.

밝은 얼굴로
호감을 사야 하는 감정노동

남을 속이다 보면 결국
나를 속이게 된다

계약을 성사시키기 위해, 꿈의 직장에 입사하기 위해, 좋아하는 사람의 호감을 얻기 위해, 주변에 좋은 인상을 남기고 칭찬받기 위해…….

그렇게 하기 위해서 우리는 각양각색의 방식을 사용한다.

그중 하나가 바로 자신을 위장하는 것이다.

미국 영화 〈더 골드핀치The Goldfinch〉에는 남자 주인공이 거울에 자신을 비춰보면서 이렇게 말하는 장면이 있다. "우리는 타인 앞에서 자신을 위장하는 데 익숙해진 나머지 우리 자신을 마주할 때도 위장을 한다."

왜 그럴까? 타인 앞에서 자신을 잘 위장하면 사회적으

로 약속된 이익을 얻을 수 있기 때문이다. 자기 자신을 대할 때도 위장을 하면 해결하기 어려운 삶의 과제를 회피할 수 있다.

영화 속 주인공처럼 정장을 단정히 차려입고 자신감과 만족감이 가득한 눈빛으로 거울에 비친 자신을 바라보며 스스로가 얼마나 흠잡을 데 없이 멋진지 생각하는 모습을 떠올려보자. 하지만 그러면 마음속 깊이 숨겨둔 이야기는 어디에 털어놔야 할까? 평생 숨겨온 비밀은? 어릴 때부터 어른이 된 지금까지 그림자처럼 따라붙는, 태어나고 자란 원가족과 관련된 기억이나 낙인에 기인한 삶의 과제는 또 어떻게 해결해야 할까?

우리는 다른 사람 앞에서 습관적으로 자신을 감춘다. 남에게 호감 가는 말을 해야 원하는 바를 이룰 수 있기 때문이다. 거래를 성사시켜야 할 때, 아니면 긍정적인 인상을 남겨야 할 때, 더 나아가 타인에게 인정받고 사랑받고 싶을 때 우리는 자신의 진짜 모습을 감춘다. 이런 상황이 계속되면 나중에는 자기 자신을 마주할 때도 자신을 숨기게 된다. 위장은 미소우울증이 왜 심각한지 잘 보여준다.

웃는 얼굴 문화

"웃는 낯에 침 못 뱉는다"라는 속담이 있다. 웃을수록 긍정적, 낙관적, 적극적으로 보인다는 의미이다. 언제 어디서나 어떤 상황에서도 미소를 머금고 사람을 대하면 쉽게 호감을 살 수 있다. 부드러운 미소를 이용해서 위험한 상황에서 벗어날 수도 있다. 상대가 공격적인 감정을 가라앉게 해서 다툼을 피할 수 있기 때문이다.

웃는 얼굴이 현실사회에 잘 적응하고 성공하는 방법 중 하나라는 점은 부정할 수 없다. 그런데 이런 웃음이 전부 가짜일지도 모른다.

무슨 말일까? 외재적 상황과 내재적 정서가 서로 부합할 때 나오는 웃음은 마음에서 우러나는 편안하고 유쾌한 웃음이다. 반대로 **가시방석에 앉은 듯 긴장되고 불안하며 두려울 때 억지로 웃는 것은 마음의 에너지를 고갈시키는 형벌과 같다.**

분명히 마음속에서는 경고 신호가 울리고 있는데 그 진실한 감정에 순응할 수 없는 상황이 있다. 진짜 원하는 것은 외면하고 다른 사람의 기대와 요구를 들어주는 데 마음의 에너지를 전부 쏟아야 하는 것이다. 이런 상황은 서비스직 종사자에게서 주로 나타난다.

그들은 언제나 웃는 얼굴로 고객을 응대해야 한다. 고객이 왕이기 때문이다. 정말로 그럴까?

사실 직접 서비스직을 경험해볼 것도 없이 같은 고객으로서 지켜보기만 해도 응대하기 쉽지 않은 손님, 소위 진상 고객이 참 많다. 내가 겪은 일도 아닌데 식은땀이 날 정도다. 서비스직 종사자들은 이유 없이 꼬투리를 잡거나 상식적이지 않은 요구를 하는 고객에게도 상냥하게 웃으며 사과해야 한다. 최대한 문제가 커지지 않게끔 원만하게 일을 처리하기 위해서다. 그러나 사실상 원만한 일처리 뒤에서 그들은 억울함을 삼키며 자신의 존엄이 진창에 나뒹구는 모습을 보아야 하는 것이다.

미소우울증과
자기혐오

미소우울증을 앓는 사람은 일반적인 우울증 환자와 달리 직장생활을 잘할 수 있다. 직장에서 두각을 나타내기도 하고, 가정생활과 사회생활을 전부 훌륭하게 해내기도 한다.

이들은 식사를 거부하지도 않고 하루 종일 침대에 누워

시간을 보내지도 않는다. 그런데 혼자 있을 때는 강렬한 자기혐오self-loathing를 느낀다. 그런 모습을 주변 사람들에게 들키지 않으려 애쓰며, 아주 가까운 관계의 사람에게조차 이런 사실을 인정하기 두려워한다. 마음의 고통은 주로 깊은 밤, 주변이 고요해졌을 때 찾아와 그들을 갉아먹는다. 심할 때는 불면증에 시달리거나 공황 상태에 빠지고 심지어 자살 충동이 치솟을 때도 있지만 그들은 이런 부정적인 감정을 꼭꼭 숨긴다.

자기혐오에서 벗어나는 일은 쉽지 않다. 업무 환경이 완전히 달라지지 않는 한 불가능하다. 다른 사람에게 인정사정없이 싫은 소리를 들으면서도 미소를 지어야 하는 것이 서비스업이기 때문이다. 이같이 마음속에 깊이 새겨진 괴로움, 억울함, 모순 등은 자아 왜곡으로 이어진다. 자기 자신과 전쟁을 벌이느라 어디로도 도망치지 못하는 꼴이다.

위장은 점점 더
나 자신을 감춘다

사회에서 말하는 성공에는 단지 숫자나 순위로 드러나는 물질적 성공뿐 아니라 삶의 태도로 보는 성공과 실패도 있다. 삶의 태도 면에서 우리 사회는 오직 긍정적인 삶의 태도만이 가치 있다고 인정한다.

긍정적이라는 말은 적극적이고 낙관적이며 진취적인 태도로 이어진다. 이와 반대되는 태도는 곧 소극적이고 비관적이며 나태한 것이다. 그 밖에도 모든 부정적인 태도와 형용사가 이와 연관된다.

물론 쾌락만 좇는 퇴폐적인 삶이나 아무런 포부 없이 살아가는 무기력한 삶 같은 극단적인 사례가 옳다고 말하는 것은 아니다. 그러나 우리 사회에는 중간이 없다. 고요하고 느긋한 삶을 추구하는 태도조차 그다지 좋게 평가하지 않는 것이다. 입으로는 노자와 장자의 도가 사상이니 무위자연이니 떠들지만, 실제로 떠받들고 따르는 것은 오로지 공자와 맹자의 유교적 도리일 뿐이다.

이 사회는 그것만이 유일한 생존방식이라고 믿어 의심치 않는다.

그 결과 우리는 혼자 있을 때, 겨우 자기 자신과 마주하고 자신을 제대로 바라보게 되었을 때조차 자신을 위장한다. 언제 어디서든 자신을 진정으로 직시할 수 없다.

왜 나 자신을 똑바로 보기가 이토록 어려울까? 뼛속 깊이 스며든 두려움을 바라보고 인정하고 나아가 적절히 처리하는 것보다는 외면하고 도피하는 것이 훨씬 쉽기 때문이다.

위장의 가장 큰 장점은 계속해서 회피할 수 있다는 점이다. 내면세계에 분명히 존재하는, 그러나 보고 싶지 않고 인정하고 싶지 않은 모든 것과 접촉하지 않아도 되는 것이다. 위장이란 우리가 살아가면서 터득한 가장 익숙하고 습관적인 생존방식이다.

해결할 수 없다는 믿음이
해결할 수 없는 현실을 만든다

정말로 해결할 수 없을까? 아무런 방법도 없을까? 어쩔 수 없는 일일까?

슬럼프에서 벗어나 새로운 전환점을 찾아낸 사람들은 입을 모아 조언한다. "당신은 자신을 너무 과소평가하고 있습니다."

똑같은 좌절과 곤경을 겪어도 속으로 쉼 없이 부정적인 자기암시를 하는 사람이 있다. '나는 못해', '이건 불가능해', '능력 부족이야', '저 사람은 나보다 운이 좋아'라고 생각한다. 그래서 상황을 바꾸려 하지 않는 것도 모자라 친구들에게 괴로움을 호소하거나 도움을 청하는 것조차 제대로 입 밖에 소리 내어 말하지 못한다. 그런 사람들은 대부분 이렇게 생각한다.

'친구에게 민폐 끼치지 말자.'

'말한다고 뭐가 달라져? 바뀌는 건 없어.'

'가족들이 나보고 스트레스에 취약하다고 할 거야. 독립할 능력이 없다고 생각하면 어떡하지?'

'이런 이야기를 하면 비웃지 않을까?'

'저 친구는 내 고민이 별것 아니라고 생각할 게 분명해. 직장생활이 힘들다고 하면 회사를 그만두라고 할 거고 애인이 바람을 피운다고 하면 헤어지라고 하겠지.'

미소우울증을 판단하기 어려울 때 어떻게 해야 할까?

이런 사회 분위기 때문에 주변에서 미소우울증을 빨리 알아차리지 못하곤 한다.

우리는 누구나 가까운 인간관계와 먼 인간관계가 다름을 알고 있다. 먼 인간관계와 진실한 나 사이에 이른바 '가까운 사람'이 존재한다. 여기에는 친한 친구, 가족 등이 들어간다. 하지만 타인 앞에서건 자기 자신 앞에서건 위장을 계속한다면 같이 살면서 매일 얼굴을 보는 사이라도, SNS를 통해 수시로 연락을 주고받으며 근황을 다 알고 있는 오랜 친구라도, 또는 연인이라도 당신에게 문제가 생겼을 때 곧바로 알아차리기 어렵다. 왜냐하면 당신이 실제로는 우울감의 시커먼 동굴 깊숙이 들어가 있으면서도 미소우울증이라는 가면을 쓰고 있기 때문이다.

위장은 미소우울증을 앓는 사람을 도와주고 구해줄 마지막 통로를 가로막고 있다.

미소우울증의
사회적 단계

너무나 제한적인 성공과
행복에 관한 정의

우리는 평생 전체적인 사회 분위기 속에 잠겨서 살아
간다. 오랫동안 답습해온 가치관은 우리를 채찍질한다. '경
쟁해라', '이겨라'. 전진만 있을 뿐 퇴보는 없다. 스스로에게
훌륭하다고 말해봐야 의미가 없다. 다른 사람 입에서 훌륭
하다는 말이 나와야 한다. 그러니 유치원 때부터 초등학교,
나아가 대학원을 졸업할 때까지 전부 1등을 하려고 경쟁한
다. 어렵사리 학교를 졸업하고 학생 신분을 벗은 뒤에는 취
업 시장에 뛰어들어야 한다. 직장에 들어가면 부모님은 내
연봉, 회사 복지 등에 신경을 곤두세우며 나이가 비슷한 친
척과 비교한다. 명함을 건넸을 때 직함이 봐줄 만한지, 의사,

변호사, 회계사 등 돈을 많이 버는 전문직인지를 신경 쓴다.

곧이어 결혼을 준비해야 할 때가 온다. 주변 사람들은 내가 사귀는 사람이 나와 취미가 비슷한지, 마음이 잘 통하는지, 서로 얼마나 신뢰하고 지지하는지 등에는 관심이 없다. 우리 두 사람이 얼마나 조화롭게 지내는지가 아니라 출신 집안과 조건으로 우리를 판단한다. 남자 쪽 부모는 무슨 일을 하는지, 형제자매의 학력은 어떤지, 자택이 있는지, 무슨 차를 모는지……. 여자의 경우에도 마찬가지다. 친정은 재력이 있는지, 외모가 아름다운지, 말투와 행동거지가 얌전한지…….

사회문화의 영향

사회문화와 무수한 세대를 지나며 오랜 세월 축적되어 전승된 가치관 때문에 사람들은 단일하고 협소하며 제한적인, 조금의 융통성도 없는 방식으로 성공과 행복을 이해한다.

대개 우수한 학업 성적, 높은 연봉, 남들이 부러워하는 직장, 외모가 출중하고 집안의 격이 적당히 어울리는 배우자, 좋은 차, 명품 시계, 멋진 옷, 비싸고 넓은 집 등이 행복에 요구되는 조건이다. 우리는 이런 기준으로 타인을 속박하고 나 자신을 옭아맨다. 스스로 이런 가치관을 단단히 굳히는 공범이 되어 자녀나 배우자 등 가까운 사람에게도 이와 동일한 기대와 요구를 들이민다. 사회 분위기와 가치관을 덮어놓고 따르다 보면 어느새 우리 자신이 그런 사회 분위기의 일부가 된다.

지금의 사회문화는 물질적인 것과 타인의 시선을 중시한다. 이런 사회문화가 만든 성공과 행복에 관한 단일한 정의는 우리들이 살면서 주의력과 시간, 마음을 어떻게 쓰고 어디로 나아갈지를 결정하기도 한다.

행동 뒤에 숨은 동기를 알아차리자

요한 하리Johann Hari의 책《물어봐줘서 고마워요 Lost Connections》에는 미국 심리학자 팀 캐서Tim Kasser의 연구 결과가 나온다. **재물, 지위, 명성 등 외부적 가치를 과도하게 중요시하는 사람은 더욱 쉽게 불안, 낙담, 우울 등에 빠진다는 내용이다.** 이 사실은 여러 후속 연구에 의해 청소년이든 성인이든 연령층과 사회적 신분에 관계없이 동일하다는 결론이 나왔다. 다시 말해 물질적인 것을 추구하고 중시하면 불안과 우울에 쉽게 잠식된다.

물질을 강하게 추구하면 가치관과 그에 따른 행동뿐 아니라 인간관계도 영향을 받는다. 즐거움을 잘 느끼지 못하고 절망과 우울에 더 쉽게 함몰된다.

위에서 언급한 책은 동기이론Motivation theory을 이용해 이런 현상을 좀 더 깊게 설명한다. 밖으로 드러나는 모든 행동에는 행동을 유발하는 동기가 있는데, 동기에는 외부에서 오는 것과 내면에서 오는 것이 있다고 말한다.

우선 내재적 동기는 어떤 일을 하는 과정에서 느끼는 즐거움과 만족감을 뜻한다. 물질적 보상이나 금전적인 보수를 얻는 데 목적을 두지 않고, 타인이 내 행동을 어떻게 볼지, 어떻게 평가할지 상관하지 않는다.

영화나 책을 보다가 새로운 지식이나 전에 몰랐던 관점을 알게 되면 기분이 좋다. 새로운 것을 알게 되어 참 운이 좋다는 생각이 든다. 왜 그런 기분이 들까? 그 덕분에 최근 일상에서 겪은 문제를 해결할 수 있게 돼서 그런지도 모른다. 아니면 저자의 글이 재미있어서 긴장이 풀어졌는지도 모른다. 아니면 그 영화와 책이 당신의 마음을 어루만져주고 외로웠던 심정을 위로해줬는지도 모른다.

이와 상반된 동기가 외재적 동기다. 재물, 지위, 칭찬,

사람들의 부러움 등을 얻는 것이 행동하는 목적이 된다.

앞서 든 예를 다시 들어 설명하면 더 쉽게 이해할 수 있다. 책을 읽거나 영화를 보는 것이 똑똑한 엘리트나 자기계발을 하는 사람이라는 이미지를 만들기 위해서라고 생각해보자. 사회적으로 긍정적인 평가를 얻으려면 다른 사람들에게서 "책을 참 많이 보시네요! 그것도 이해하기 어려운 문학 작품이나 엄청 두꺼운 책을요!" 같은 칭찬을 들어야 한다. 이어서 그들이 나를 '참 똑똑하다', '대단하다'라고 생각해야 한다. 이때 열심히 책을 읽는 행동은 외재적 동기에서 비롯된 것이다. 추구하는 것이 주변의 칭찬과 긍정적인 눈빛, 평가 등이기 때문이다.

행동을 거듭할수록
즐겁지 않은 이유

좀 더 분석해보자. 내재적 동기 때문에 책을 읽는다면 어떤 책을 읽든, 몇 권을 읽든, 읽은 책이 어렵든 쉽든 다 중요하지 않다. 책을 읽는 순간에 푹 빠져서 한 글자 한 글자 읽어가는 과정만으로도 즐겁고 만족스럽다.

그런데 추구하는 것이 타인의 칭찬이라면 많이 읽을수

록, 빠르게 읽을수록, 어려운 책을 읽을수록 좋다. 그래야만 남들이 내 지적 능력과 멋짐을 찬양해줄 테니까 말이다.

계속해서 수량, 속도, 난이도에 얽매이다 보면 결국 부담감이 점점 늘어난다. 더 많이 읽지 않았다가 예전만 못하다는 평가를 받으면 어떡하지? 더 빨리 다음 책을 읽지 않으면 정체되었다고 생각하지 않을까? 다음에는 이것보다 더 어려운 책을 읽어야 할 텐데.

이런 악순환이 시작되면 책 읽기가 주는 원래의 기쁨은 사라진다. 더 이상 즐겁지 않다. 오히려 끝없이 비교하고 경쟁하고 목표를 추구하느라 불안과 실의에 빠지거나 우울해진다. 더 큰 문제는 분명히 우울한데도 주변 사람들에게 그 사실을 알리거나 감정을 털어놓지 못한다는 것이다. 이들은 여전히 웃는 얼굴로 명랑한 척한다. 속마음을 털어놓는 것은 자신의 능력이 모자라다고 알리는 것이자 스스로에게 실패 꼬리표를 붙이는 일이라고 생각하기 때문이다. 이런 생각이 들면 마음은 더욱 더 우울의 나락으로 빠진다.

외재적 동기가 가져오는 불안

사실상 내재적 동기와 외재적 동기는 동시에

존재한다. 비중의 차이가 있을 뿐, 완전히 한쪽 성향의 동기만으로 어떤 행동을 하게 되는 것은 아니다.

심리학 연구 결과에 따르면 행복지수는 외재적 목표를 실현했다고 해서 저절로 올라가지 않는다. **분명 행복감은 오르지만 지속 시간이 짧다. 그런 행복감은 안정적이지 않고 쉽게 변한다.**

예를 들어 애플이 새로운 아이폰 출시했다고 상상해보자. 새로운 모델이 나올 때마다 애플 매장에는 긴 줄이 선다. 그러나 최신 아이폰이 주는 기쁨이 얼마나 갈까? 솔직히 말해서 그다지 길지 않다. 다음 모델이 출시되면, 또는 더 높은 버전의 아이폰을 사용하는 사람을 보면 마음속 행복지수가 훅 깎여나간다.

여러 연구 결과에서 알 수 있듯이, **외재적 동기의 영향을 많이 받을수록 물질과 타인의 인정을 추구하게 되고 불안, 낙담, 우울 등에 쉽게 빠진다.** 유럽과 아시아에서 사회문화적 차이에 상관없이 일치된 결과가 나왔다.

사회문화와 가치관이 물질, 지위, 명성을 끊임없이 강조하기 때문에 우리는 인간관계의 질을 그보다 덜 중시하게 되었다. 그러나 우리는 이미 알고 있거나 적어도 무의식적으로 인지하고 있다. 인간관계가 나쁘고 사람과 사람 사이의 믿음이 없으면 삶의 만족도와 행복지수가 높을 수 없다는 것을 말이다.

물질적 보상과 타인의 인정을 과도하게 추구하면 오래도록 경쟁해야 한다. 어렵사리 목표를 달성했더라도 금세 주변을 두리번거리기 시작할 것이다. 혹시 다른 사람에게 따라잡히지나 않을지 걱정될 것이다. 영원히 전투 준비 상태로 있어야 할 뿐 아니라 계속해서 자신을 검열하고 반성하고 더 나아지려고 애써야 한다. 그런 상태로 오랜 시간이 지나면 불안하고 우울하지 않을 수 없다.

반대로 내재적 동기를 추구할 때는 대체로 남과 비교하거나 경쟁하려는 심리 상태가 나타나지 않으며 행동하는 과정 그 자체가 중요해진다.

버리는 법을 배워야 한다

자신도 모르는 사이에 머릿속에 주입된 정보의 영향도 무시할 수 없다.

다양한 방식으로 시각과 청각을 채우며 관심을 끌어당기는 광고, 언제든 펼쳐볼 수 있는 신문과 잡지, 또는 친구나 동료, 상사 같은 주변인과의 대화, 텔레비전을 켜면 나오는 뉴스 또는 예능 프로그램 등에서 얻는 모든 정보는 우리의 가치관에 영향을 주며 지속적으로 확산, 전파된다.

심리치료 사례를 살펴보면 이런 경우가 많다. "선생님, 정말이에요! 인터넷 검색을 전보다 덜 하고, SNS 친구들이 최근에 무슨 재미난 활동을 했는지 다 따라잡으려고 애쓰지 않았더니 시도 때도 없이 불안해지고 롤러코스터를 타던 마음이 훨씬 편안해졌어요. 가족들에게 아무 이유 없이 벌컥 화내던 것도 줄었어요. 뒤처지거나 해야 할 일을 해내지 못할 때마다 몇 번이나 다른 사람과 비교하며 저 자신을 깎아내리던 자기비하와 우울한 감정이 사라졌어요."

이런 이야기를 들을 때면 마음이 아프기도 하면서 많은 생각이 교차한다.

사소한 행동 하나만 달라져도 이렇게 효과가 크다. 휴대전화를 조금만 덜 들여다보면 된다. 아니면 SNS 앱을 삭제하는 것도 좋다. 그러면 불안하고 우울한 정서가 나아질 뿐 아니라 자기가치를 더 크게 느끼게 되고 인간관계도 개선된다.

중국 근현대 문인이자 사상가인 린위탕林語堂이 이런 말을 한 적이 있다. "삶의 지혜는 필요하지 않는 것을 버리는 데 있다." 나는 그의 말에 이렇게 화답하고 싶다. "문제 해결은 꼭 필요한 것만 더하는 데 있다."

미소우울증에 관해서 어떻게 필요하지 않은 것을 버릴

지, 또 어떻게 꼭 필요한 것만 더할지는 앞으로 우리가 함께
배워가야 할 부분이다. 각자 자신에게 어울리는 방법을 찾
아서 웃고 있지만 우울한 미소우울증의 가면은 벗어던지고
마음에서부터 우러나오는 진정한 미소를 지을 수 있기를 바
란다.

적자생존은 우리를
함정에 빠뜨린다

뼛속 깊이 파고든
패배주의

"우리 아이가 특수반에서 수업을 받아야 한다니, 어떻게 그럴 수가 있어요?"

학업 능력이 떨어진다는 진단이 나왔는데도 샤오후이의 엄마는 그 사실을 받아들이려 하지 않았다. 갖은 방법을 동원해 선생님에게 다시 검토해달라고 요구했고, 심지어 자세한 설명을 요구하면서 명확한 문서로 제시하라고 난리였다. 오로지 샤오후이를 원래 학급으로 돌려보내기 위해서였다. 그녀에게 있어서 딸이 특수반에서 공부한다는 것은 참을 수 없는 모욕이었다. 샤오후이는 절대 특수반 같은 곳에 있어서는 안 된다. 왜? 그 반 아이들은 다 비정상이기 때문이다!

샤오후이의 엄마는 인생의 승리자라고 불릴 만한 사람이었다. 금융업계에서 일하며 결혼생활을 원만히 꾸려가고 있었고 아이가 샤오후이 하나뿐이라 딸에게 거는 기대가 아주 컸다. 샤오후이는 이해력이 좋지 못해서 무슨 일에든 반응이 좀 느린 편이었는데, 샤오후이의 엄마는 퇴근하고 모든 시간을 딸에게 글자를 가르치는 데 쏟았다. 같이 책을 읽는 등 할 수 있는 모든 노력을 다 해서 아이가 학교 수업 진도를 따라갈 수 있도록 애썼다. 그런 생활이 샤오후이의 엄마에게도 쉽지는 않았다. 하지만 그녀에게 더 고통스러운 사실은 직장 동료나 학창시절 친구 중 누구의 자녀도 특수반에 간 적이 없다는 점이었다. 오히려 성적이 뛰어난 아이들을 모아놓은 우등반에 들어간 경우는 있었다. 그러니 샤오후이의 엄마는 주변 사람들과 비교해 체면이 떨어진다고 생각해왔다.

경쟁에서 이겨야 살아남는
정글의 법칙

학교 과제나 성적 때문에 고민하는 것은 일반

학급 학생이나 우등반 학생이나 마찬가지다. 성적이 부진한 학생으로 구성된 특수반 학생과 그 학부형, 교사도 고민이 많다.

다윈의 진화론에서 가장 기본은 바로 자연선택과 적자생존이다. 사람들은 적자생존이라는 관념을 신봉하며 영원불멸의 진리처럼 떠받든다. 하지만 사실 **사회학적 측면에서 다윈주의(다윈의 생물진화론을 사회학에 도입하여 생존 경쟁과 자연 도태를 사회 진화의 기본 동력으로 여기는 관점—옮긴이)란 이미 구시대의 유물이자 문제점이 많은 이론이다. 왜냐하면 다윈주의 때문에 사람들이 공황과 불안 속에서 살아야 했기 때문이다.**

앞서 소개한 샤오후이의 경우가 좋은 사례다. 샤오후이는 특수한 교육의 도움을 받아야 하는 학생인데, 샤오후이의 어머니는 체면이 깎일까 봐 겁내면서 딸을 정상궤도로 돌려놓으려고 애썼다. 단지 자신이 일반 학급이야말로 정상적인 사람들의 세계라고 생각하기 때문이었다.

이렇게 생각해보자. 주변에 있는 모든 사람이 전부 경쟁자 또는 적수뿐이라면 어떻게 마음을 열고 교류할 수 있을까? 그런 사회라면 사람 사이의 믿음을 이야기하는 의미가 없을 것이다. 늘 대결을 준비를 하면서 살아야 하는데 편안하게 쉴 수는 있을까?

어린 시절부터 어른이 된 지금까지 우리는 부모님, 선생님, 상사 등에게서 '남보다 잘나야 한다', '남을 이겨야 한다'라는 목표를 가지라고 요구받았다. 사회 전체적으로도 경쟁을 중시하는 기운이 가득했다. 학교에 다닐 때는 반에서 몇 등인지, 전교에서 몇 등인지를 놓고 경쟁했다. 고등학교와 대학교 입학시험을 치를 때는 지망하는 학교에 들어가기 위해 경쟁했다. 함께 웃고 떠들며 손잡고 화장실까지 같이 가고, 방과 후에 축구나 야구를 하며 지냈던 같은 반 친구들이 전부 나의 경쟁자가 된다. 친구가 합격하면 내가 떨어지고, 내가 합격하면 친구가 떨어지는 것이다. 합격 정원은 정해져 있는데 누군들 낙방이라는 수치스럽고 눈물 나는 결과를 바랄까?

학교를 졸업하고 사회에 나와서도 마찬가지다. 기업이 채용하는 신입사원의 수는 제한적이다. 겨우 바늘구멍을 뚫고 입사해도 회사를 위해 간도 쓸개도 다 내줄 듯 오래도록 일해야 겨우 관리직 임원이 된다. 하지만 기쁨도 잠시, 높은 자리일수록 고난은 더 커진다. 앞으로 경쟁해서 획득할 수 있는 자리가 딱 하나 남았기 때문이다. 갈수록 길은 좁아지기만 한다……

삶이란 늘 앞뒤로
적을 둔 상태와 같다

직장생활은 겉으로 보면 동료들끼리 밥도 먹고 회식도 하고 술도 마시고 야근도 하면서 서로 마음 터놓고 더불어 살아가는 것 같다. 하지만 다들 "사회에 나오면 진짜 친구를 사귈 수 없다"라는 말을 들어봤을 것이다. 이 말은 우리가 경쟁사회에 살고 있음을 제대로 설명해준다.

친구가 곧 적이다. 적이 곧 친구다. 그들은 영원히 당신 주변에 존재할 것이다.

회사에서는 업무 실적을 비교하고 승자와 패자를 가린다. 사람들은 암암리에 '이번 승진 심사에서는 누가 위로 올라갈까?', '외부로 파견 나가게 될 재수 없는 녀석은 누굴까?' 같은 생각을 한다.

직장생활만 그런 것이 아니다. 결혼생활과 연애 역시 경쟁이라는 범위 내에 있다.

시중에는 어떻게 하면 이성의 마음을 훔칠 수 있는지 가르쳐주는 책과 강의가 잔뜩 나와 있다. 이런 책과 강의는 전부 한 가지 관념을 전파한다. 이 세상은 제로섬 게임이라는 관념이다. 무슨 뜻일까? 한쪽이 모든 것을 얻고 다른 쪽은 모든 것을 잃는다는 소리다. 내가 이기면 저 사람이 지고,

저 사람이 이기면 내가 진다. 내가 좋아하는 사람을 남에게 빼앗기면 내게는 아무것도 남지 않는다. 뭔가 좀 이상하지 않은가? 이 세상에는 엄청나게 많은 사람이 살고 있다. 왜 꼭 그 한 사람에게 집착해야 하는 걸까?

지구상의 인류는 2019년 5월을 기준으로 77억 명에 이르렀다. 이렇게나 사람이 많은데, 국내에서 마음에 드는 사람을 만나지 못했다면 외국에 나가서 만날 수도 있지 않을까? 일상생활 범위 안에서 좋은 사람을 사귀지 못했다면 인터넷이나 데이팅 앱을 통해서 새로운 사람을 찾을 수도 있다. 그렇게 알게 된 사람과 연애하고 결혼까지 이어질 수도 있지 않나?

다원주의가 아니라 패배주의

많은 이들의 기저에 잠재된 패배주의가 시시때때로 자기 자신 그리고 주변 사람들을 무너뜨린다. 패배주의는 많은 사람들이 인지하지 못하는 사이에 행동을 동기에 더 강하게 구속시킨다. 말하자면 이기고 싶은 것이 아니라 패배가 두려운 것이다.

겉으로 볼 때는 경쟁을 강조하는 다원주의가 팽배한 것

처럼 보여도, 사실 우리 뼛속 깊이 스며들어 있는 것은 패배주의를 추앙하는 태도다. 우리는 목표를 달성하지 못할까 두려워하고 원하는 것을 얻지 못할까 전전긍긍한다. 제일 두려운 일은 다른 사람이 가진 것을 나는 못 갖는 일이다.

사람들은 장거리 국제 연애에 대해 이렇게 말한다.

"말도 안 돼! 외국 사람과 장거리 연애라니, 금방 헤어질걸?"

"말도 안 통하는데 어떻게 마음을 나눠?"

"항상 같이 있을 수도 없고 자주 만날 수도 없고, 사랑이 식을 거야!"

"그 사람이 바람을 피워도 나는 알아차리지 못하겠지?"

이런 생각의 이면에는 패배주의 외에도 낮은 자존감과 타인에 대한 불신이 깔려 있다.

만약 국제 연애에 대한 위와 같은 말이 전부 사실이라면, 매일 같이 생활하는 부부나 가까운 거리에 있어서 자주 만날 수 있는 연인은 매일매일 사랑이 가득한 나날을 보내야 한다. 그런데 왜 그토록 많은 연인이 헤어지는 아픔을 겪을까? 왜 배우자를 두고 바람을 피울까? 대다수 사람들이 같은 나라 사람과 연애하고 결혼하고 아이를 낳는다. 그렇다면 그들 사이의 소통은 아주 순조로울까? 아무런 문제도 없을까? 이 질문의 대답은 다들 잘 알 것이다.

심각한 부부 싸움 끝에 칼부림이 났다느니 가스를 틀어 놓고 동반 자살을 시도했다느니 하는 이야기가 심심찮게 들린다. 부부가 서로 욕설을 쏟아내며 공격해대는 꼴을 다들 보았을 것이다. 그러니 같은 언어를 사용한다고 해서 의사소통이 무조건 잘 되는 것이 아니라는 점은 더 설명할 필요가 없다.

경쟁 심리에서 벗어나면
자유로워진다

실패를 심하게 두려워하는 심리적 태도는 불안감, 시기심, 분노 등을 불러일으킨다. 겉으로는 더 적극적인 노력으로 승화되는 것처럼 보여도 실제 내면의 심리 상태는 비뚤어지기 쉽다.

미소우울증을 앓는 사람들은 실패를 심할 정도로 두려워하는 편이다. 그래서 마음 속 고통을 더욱 숨기려고 한다. 문제가 심각하지 않아서가 아니다. 자신에게 문제가 있다는 것, 그리고 문제를 해결할 능력이 없다는 것을 남들에게 보여주기 싫기 때문이다. 이들은 자신의 진짜 모습을 들킬 때 큰 타격을 입는다.

경쟁과 적자생존을 부추기는 다원주의는 버려야 한다.

다원주의는 모든 사람을 지속적으로 불안하게, 심지어 우울하게 몰아간다. 삶에서 즐거움을, 마음에서 우러나는 기쁨과 자유를 앗아간다. 특히 다원주의 이면에 있는 패배주의는 더욱 조심하고 반성해야 할 부분이다. 삶에 심각한 영향을 끼칠뿐더러 알아차리기도 어렵다.

'뛰는 놈 위에 나는 놈 있다'라는 말을 꼭 기억하자. 사회가 정한 물질적 성공을 유일한 가치관이자 목표로 여겨서는 안 된다. 승리만이 성취라고 생각하면 살면서 초심을 잃어버리고 길을 헤매게 될 것이다. 충분히 뛰어난 능력을 갖추고 운도 따라줬을 때 한두 번 성공할 수는 있다. 그러나 성공만이 유일한 가치가 되면 세 번, 네 번 계속해서 성공해야 한다. 그래야 다른 사람의 추격을 따돌릴 수 있을 테니 말이다.

타인과 비교하고 경쟁하는 심리 상태에서 벗어나 협동과 조화의 단계로 나아가자.

주변 사람들이 미소 띤 얼굴 뒤로 우울증의 나락에 빠져 괴로워하지 않게 하자. 우리 스스로도 혼자서 외롭게 미소우울증을 앓지 말자.

스스로
벗기 어려운 가면

**스트레스에는 비정상 반응이 따라야
정상이다**

《타임》지가 20세기 5대 성인으로 꼽은 인도 철학자 크리슈나무르티Krishnamurti가 이런 말을 했다. "병든 사회에 잘 적응하여 여유롭게 살아가는 사람이 정말로 건강한가?"

크리슈나무르티는 누구나 자아인지를 통해 한계, 공포, 권위, 교조적 믿음에서 해방되어야 한다고 여겼다.

스트레스 지수가 높고 빠르게 변화하는 현대사회에서 누군가 여유만만하게 살아간다면 그건 단지 겉모습이 아닐까? 실은 폭풍 전야의 고요함일지도 모른다. 자살로 삶을 끝낼 모든 준비를 마친 사람이 아무렇지 않은 척 가면을 쓰고 있는 것은 아닐까? 그 가면을 쓰면 심리 전문가는 물론 세상 모든 사람을 속일 수 있다. 심지어 미소우울증을 앓고 있는 자기 자신까지 속아 넘어간다.

정상이라는 개념은 단지
상상 또는 허상일지 모른다

우리는 비정상으로 분류되는 것을 두려워하고 정상 상태를 유지하려고 애를 쓴다.

세상이 정의 내린 비정상이란 어떤 것일까? 결혼할 나이가 되었는데도 결혼하지 않으면 비정상이다. 동성인 상대를 사랑하면 비정상이다. 결혼했는데 아이를 안 낳아도 비정상이다. 잘 다니던 직장을 이유 없이 그만두면 그것도 비정상이다. 모든 것을 다 가졌는데도 우울증에 걸렸다면 그것 역시 비정상이다. 그렇지만…….

정상이라고 불리는 상태가 정말로 정상일까?

문제없다는 말이 정말로 문제없어서 하는 말일까?

괜찮다는 말도 정말로 괜찮기 때문에 나온 말일까?

사실 정상이라는 개념은 단지 상상이나 허상에 지나지 않는다.

비정상이라는 표현은 심각하게 오해받고 있다.

병적인 사회에서 겉으로 보기에 멀쩡하다는 것은 절대 건강한 상태가 아니다. 가치관은 왜곡되었고 사회 구성원들은 과중한 스트레스에 짓눌리고 있다. 이런 사회에 양호하게 적응하고 있다면 실제로는 마지막 숨 한 모금으로 겨우 버티고 있는 상태일지도 모른다.

가슴에 손을 얹고 반성해보자. 뿌리 깊은 공포, 묵묵히 따라야 하는 권위, 사람들이 오래전부터 지금까지 신봉해온 교조적 믿음이 우리 마음속에 얼마나 깊게 새겨져 있는가? 이 질문의 대답은 바깥에서 찾을 수 없다. 답은 바로 우리 마음속에 있다. 지금까지 제대로 인지하지 못했을 뿐이다.

물론 이 사회에 정말로 잘 적응한 것인지, 아니면 고통스러운데도 그 사실을 잘 감추고 있는 것인지는 구분해야 한다. 눈에 띄지 않았거나 보고도 알아차리지 못했을 뿐 당신 곁의 누군가는, 또는 당신 자신은 더 이상 웃을 힘을 남아 있지 않을지도 모른다.

손이 베이면 피가 흐르고, 발이 밟히면 아프다고 소리치게 된다. 인간관계에서 상처받으면 화가 나고, 배신당하면 억울하고 가슴 아프다……. 이런 반응은 아주 자연스럽고 정상적이다. 그런데 정상적인 반응에 이상한 꼬리표가 붙을 때가 있다.

"스트레스 저항력이 너무 낮아."

"공인이면 인터넷에 올라오는 대중의 평가를 받아들여야지."

"다 큰 어른이 아직도 이렇게 세상 물정을 몰라?"

"지금껏 키워준 은혜도 모르고! 다 너 잘되라고 하는 말인데, 부모님 속을 이렇게 썩여서 되겠어?"

"당신이 사장이면 직원들 실수나 능력 부족은 전부 당신 책임이지! 사장이 인재를 제대로 볼 줄 모르는 탓이라고."

비정상이 곧 정상

누군가의 아들딸, 학생, 직원, 사장 등 누구든 복권에 당첨될 수 있다. 그러니 복권에 당첨되는 것처럼 당신이 우연찮게 작은 유명세를 얻게 되었다고 가정해보자. 유명해진 순간부터 사람들은 당신의 일거수일투족에 확대경을 들이댈 것이다. 이 같은 고도의 감시 속에서 어떻게 우울하지 않을 수 있을까?

이 시대를 살아가며 이 사회에 존재하는 우리는 모두 힘들다. 생각해보면 누구나 정도의 차이만 있을 뿐 공황, 불안, 우울, 불면 등의 각종 심리적 고통을 겪고 있으며, 폭음이나 폭식, 쇼핑 중독 등 중독성 행위에 빠져 있다.

　　　　　　　　　　　　　　　　　　1장 아픔을 감추기 위한 웃음

산다는 것이 이렇게 어렵고 스트레스 쌓이는 일이다. 그런데 우리는 대개 도피를 선택한다. 슬픔, 고통, 근심을 자기 안의 깊은 곳에 숨기고 겉으로는 미소를 띤다. "괜찮아"라고 말하면서 매일매일 살아간다.

대만에서 부모가 자식에게 가장 많이 하는 말은 아마도 "생각을 너무 많이 하지 마라"일 것이다. 힘들다고, 어렵다고 하소연하려는 사람에게 사소한 일을 괜히 키운다거나, 사서 고생한다거나, 그런 말이 아무 소용없다는 것처럼 입을 막는 것이다.

하지만 "생각을 너무 많이 하지 마라"는 말이 그 뒤에 이어질 수도 있었던 구조 요청까지 막아버리지 않는지 돌아볼 필요가 있다.

조언하는 사람도 모른다

직장에 다닌 지 어느 정도 시간이 지나서 다른 일을 해보고 싶을 때, 결혼생활에 심각한 문제가 생겼는데 어떻게 해야 할지 갈피를 잡지 못할 때, 가족에게 감정적으로 착취당하거나 가족이 밖에서 일으킨 문제를 대신 해결해야 할 때……. 이럴 때 주변에서는 "생각을 너무 많이 하지 마"라고 깊이 생각하지 않고 아무렇게나 조언을 한다. 그런 조언은 대개 가볍고 쉬워서 오히려 더 깊은 우울과 무력감에 빠지게 한다.

제대로 알지 못하는 주변인의 가벼운 조언만이 문제가 아니다. 우리는 스스로에게도 자신을 속이듯 위로할 때가 많다. 그런 가짜 위로가 더 깊은 생각을 가로막기도 한다.

왜 그럴까? 우울하다고 인정하면 전문적인 도움을 받아야 한다. 정신과 병원이나 상담센터에 가서 심리 상태를 진단하고 약을 복용하거나 심리치료를 받아야 한다. 그런데 그런 일은 몹시 수치스럽다.

몇 년 전 어느 학교에서 일할 때 이런 일이 있었다. 특수교육 단체에서 심리치료 수업을 진행했는데, 학생과 담당 교사만 오고 학부모가 나타나지 않았다. 나중에 담당 교사의 이야기를 들어보니 그 학생의 부모는 절대 이 수업에 오지 않을 거라고 했다. 학생의 아버지는 어느 병원의 의사인데 자기 아이가 자폐증이라는 것을 인정하기 싫어서 사람을 고용해 아이의 등하교를 전담하게 한다고 했다. 심지어 IEP[1]마저 고용

1　개별화 교육계획이라고도 하며, 심신장애가 있어 특수교육 또는 이에 준하는 교육 서비스가 필요한 모든 학생을 위해 입안된 교육 계획이다. 일반 학급, 특수 학급, 특수학교 중 어디에 다니든 상관없이 심신장애가 있는 모든 학생이 적절한 교육을 받도록 지원한다.

된 사람이 진행하고 부모는 한 번도 온 적이 없다고 했다. 다시 말해 의료계에 종사하는 전문가조차 자신 또는 가족의 질병이 알려지는 것을 두려워하며 그 병이 정신질환일 때는 그런 경향이 더욱 심하다. 일단 그런 사실을 인정하면 문제가 있다는 꼬리표가 붙고 직업 전문성이 부족하다는 것으로 비치기 때문이다.

이런 이야기를 들으면 대부분 어떻게 부모가 그럴 수 있느냐며 격분한다. 젊은 시절에는 나도 그런 반응을 보였다. 하지만 시간이 흐르면서 점점 더 부모의 복잡한 심정을 이해하게 됐다. 부모이자 전문가인 그들은 분명히 다음과 같은 질문을 자주 들었을 것이다.

"어째서 그 일을 제대로 처리하지 못합니까?"

"왜 아이를 잘 가르치지 못했지요?"

"당신은 그 분야의 권위자 아닌가요?"

"자기 가족도 치료하지 못하는 의사에게 제 아이를 맡겨도 될까요?"

이런 상황에서 어떻게 자기 아이의 자폐증을 솔직하게 인정할 수 있을까?

사람들은 우울한 정서를 다룰 때처럼 인정하고 싶지 않은 사실 역시 밀어내고 또 밀어내서 마음속 가장 깊은 곳의 비밀로 묻어둔다. 처음에는 문제가 크지 않아서 그럭저럭 괜찮겠지만 시간이 흘러 문제를 해결할 골든타임을 놓치면 문제는 개선되지도 사라지지도 않은 채 눈덩이처럼 몸집을 불려서 심각한 상황을 초래할 수 있다. 그럴수록 더 우울의 늪에 빠지게 된다.

우울한 기분은 쉬라는 경고다

이런 장면을 상상해보자. 눈앞에 오염된 물, 유통기한을 넘긴 식빵, 부패해서 세균이 득실거리는 고기가 있다. 그리고 누군가가 그 물과 식빵, 고기를 먹었다.

그 사람에게 어떤 일이 일어날까?

첫째, 아무 일도 없었다. 맛있게 잘 먹었고, 한 시간 아니 사흘이 지나도 복통이나 구토 같은 증상이 전혀 없었다.

둘째, 얼마 뒤 구토와 설사가 동시에 일어나고 얼굴이 허옇게 질려서 병원에 갔다.

첫 번째 경우는 병든 사회에 잘 적응한 것으로 보이지만 사실은 미소우울증 증상이다.

두 번째 경우는 병든 사회에 반발해 독성 반응이 나타난 경우다. 이런 반응은 몸이 살기 위해 병원에 가라고 보내는 경고다.

　알레르기 반응 또는 식중독 반응이 나타난 사람이야말로 건강하고 정상이다. 그런 사람은 세균, 즉 위협이나 자극이 몸에 침입했을 때 그것을 감지하고 고통과 스트레스 반응을 보여 몸을 치료한다.

　미소우울증은 즉각적이지는 않아도 조용하게 우리를 깨우쳐주는 종소리와 같다. 미소우울증 역시 우리 인생이 보내는 경고의 외침이다. 미소우울증은 삶을 끝내는 것이 유일한 선택이라고 알려주는 신호가 아니다. 지금 이 순간 방향을 돌려야 한다고 당장 쉬어야 한다고 알려주는 신호다.

아무런 징조도 없이 나타나는 미소우울증

작은 흠도
허락되지 않는 공인

자신을 해치는 칼을 내려놓아라,
완벽해질 필요가 없다

높은 인지도를 가진 공인은 말 한 마디, 행동 하나에도 높은 잣대를 요구받는다. 수많은 시선의 감시를 받으며 늘 판단의 대상이 된다. 사생활 관련 질문도 받고, 과거의 모든 일이 다 끄집어내지거나 가족사까지 낱낱이 도마에 오른다. 삶의 전부가 세상에 드러나며 심하게는 도표로 정리되어 시시때때로 언급되거나 비교된다.

사람들은 공인이라면 응당 사회적 기대에 부응해야 한다고 생각한다. 절대다수의 사람이 이상하다 못해 병적인 가치관을 가지고 있기 때문이다. 바로 공인의 성공은 사회가 만들어준 것이며, 공인의 후광은 다른 이들이 내려준 것이라는 생각이다. 우리 대중의 지지가 있었기 때문에 아이돌, 연예인, 정치인 등이 지금의 영예와 지위, 물질적 풍요로움을 누리고 있는 것이라고 여긴다.

우리가 돈을 써서 콘서트에 가고, 관련 상품을 사고, 경선 유세 활동에 참가하고, 비가 오나 눈이 오나 먼 행사장까지 가서 응원했으니 우리가 바로 그들의 두 번째 부모나 다름없다는 것이다. 공인은 연애를 해서도 안 되고 대중의 상상 속 이미지를 깨서도 안 되고 기대받는 일들을 다 해내야 하며 어떠한 사생활도 숨겨서는 안 된다. 모든 것이 투명하게 공개되어야 한다…….

연예인과 인플루언서의 미소우울증

최고의 시대이자 최악의 시대다.

지금은 유명해지기가 전보다 훨씬 쉽다. 소위 1인 미디어 시대이기 때문이다. 별자리 전문가, 벤처 기업 창업자, 전자상거래 전문가, 여행 전문가, 미식 또는 패션 분야의 인플루언서 등이 활약하는 모습을 쉽게 찾아볼 수 있다. 심지어 학문 지식을 바탕으로 인터넷 스타가 되는 사람도 나타났다. 유튜버들은 재미있는 방식으로 다양한 분야의 지식을 새롭게 포장해 지식을 더 이해하기 쉽게 설명하고 그 지식이 구독자의 삶에 더 잘 응용될 수 있게 돕는다. 전부 아주 대단하고 멋진 일이다. 인터넷 시대의 장점이다.

그러나 곧 단점이기도 하다.

장점이란 대중에게 자신을 보이고 알리고 유명해지기 위해서 반드시 텔레비전 방송국에 가야만 하는 것은 아니라는 것이다. 단점은 이런 유명인을 좋아하는 사람이 늘어나면서 동시에 싫어하고 나쁘게만 보려는 사람도 많아지고 있다는 것이다. 자신이 하지 못한 일을 해냈다는 질투심 때문에 그 사람을 끌어내려야 속이 시원한 사람들이 있다.

유명해지면 정말 끝없는 스트레스와 압박을 견뎌야 한다. 또한 세상 사람들이 자신에게 투사하는 이미지를 다 받아들여야 한다. 사람들의 갈망과 기대를 모두 만족시켜주어야 한다면 누구라도 정상적으로 살 수 없다.

공인은 공공재일까?

뉴스에서 유명인의 자살 소식을 들을 때마다 대중은 충격을 받는다. 자살한 사람이 연예인이건, 정치인이

건, 문화예술계 인사건, 금융계나 재계 인사건 상관없이 가슴 아파하고 왜 그랬을까 의아하고 안타까워한다. 유명인의 삶은 마치 공공재처럼 쓰인다.

심리학적 관점에서 볼 때 공인이란 대중이 자신의 모습을 투사하는 스크린과 같으며 공인은 세상 모든 사람의 투사를 견뎌야 한다.

어떤 투사일까? 내면의 갈망, 공허함, 이루지 못한 욕망 등이 전부 유명인에게 투사된다. 그래서 그 사람이 연애라도 하면 팬들은 분노, 실망, 배신감 등을 느낀다. 왜냐하면 그 사람이 어떤 한 개인의 전유물이 되어버렸기 때문이다. 팬들은 곧이어 그 사람을 더 이상 지지하지 않거나 심각할 경우에는 병적인 감정 상태가 촉발되어 연애를 망쳐놓아서 그 사람이 특정 한 사람에게 독점되지 않게끔 하려 한다.

얼마나 병적이고 왜곡된 생각인가?

공인도 한 인간이다. 우리와 똑같이 영혼과 육체를 가진 보통 사람이다. 자기만의 의지와 삶이 있고, 마른 몸매든 살찐 몸매든 스스로 결정할 권리가 있다. 어떤 옷을 입을지, 누구와 언제 연애를 할지, 언제 결혼하고 아이를 낳을지 등은 그 사람이 결정할 문제다. 그것이 무슨 문제가 된단 말인가?

공인도 생각이 있고 결정을 내릴 수 있다. 자기 인생이기 때문이다. 누구도 그들의 삶을 대신 결정할 수 없고 대신 살아줄 수도 없다. 그들을 좋아하고 응원한다면, 그들이 내린 결정을 축복하고, 그들이 선택한 삶이 그들에게 행복과 바라는 미래를 가져다줄 것이라 믿는 것이 옳다.

공인을 자신의 소유물로 생각해서 그를 지배하거나 통제하려는 것은, 결국 일상에서 느끼는 공허감과 무력감을 먼 타자에게 투영해서 상상하는 방식으로 만족하고 채우려는 노력일지도 모른다.

잊지 마라,
목숨은 하나뿐이다

우리는 겉보기에 좋은 것만 보고 공인은 부담과 고민이 없을 거라고 생각한다. 그러나 심리학을 조금이라도 접해보았다면 다들 알겠지만 한 번의 부정적인 경험은 세 배의 긍정적인 경험으로 상쇄된다. 만약 부정적인 경험이 친밀한 사람과 관련된 것이라면 다섯 배의 긍정적인 경험이 필요하다. 최근에 새롭게 발표된 연구 결과에서는 여섯 배라고도 한다.

정확히 몇 배인지는 중요하지 않다. 중요한 것은 우리

가 그런 것을 상상해보았느냐 하는 점이다. 공인은 얼마나 많은 스트레스를 견디고 있을까? 이렇게나 많은 사람들이 그들 삶 전체를 주시하고 있다. 긍정적이거나 선한 방향의 관심도 있지만 당연히 비난, 질책, 욕설도 있다. 방금 앞에서 설명한 '부정적인 경험을 상쇄하려면 몇 배의 긍정적인 경험이 필요한가'라는 연구를 적용해서 생각해보자. 공인에게는 수천 배, 수만 배의 긍정적 경험이 있어야 그런 부정적 경험이 침식해 들어오는 것을 막을 수 있지 않을까?

그런 점 때문에 **많은 유명인사가 미소우울증의 고위험군으로 분류된다.** 예전에도 많은 유명인사들이 항우울제를 복용해야 일상생활을 계속해서 영위하거나 직업적 삶을 이어갈 수 있었다. 또는 수면제를 먹어야 겨우 잠들 수 있어서 장기적으로 약을 먹는 경우도 있었다. 이런 사실을 우리가 몰랐던 것뿐이다. 우리는 그들이 그저 즐겁게 살고 있으리라 여겼다.

우리는 유명인들이 겉으로 멋지고 부러운 삶을 사는 면만 본다. 그들이 밤마다 눈물을 흘리며 우울과 피로감에 빠져 있는 것을 모른다. 그렇게 미소우울증으로 매일매일 지내왔다는 것을 말이다.

감성지수가
높은 것은 저주다

외부에서 근거 없는 공격과 비판을 받는 것, 사생활을 추궁당하는 것……. 이런 일은 전부 한 사람의 심리 건강을 크게 해친다.

우리는 감성지수EQ가 높아야 좋다고 생각한다. 정서적인 공감능력이 높아서 언제나 우아하게 미소 지으며 비난을 받아도 "고맙습니다"라고 대답할 수 있어야 훌륭한 태도라고 생각한다. 그러나 이런 가치관에는 근본적인 문제가 있다.

높은 EQ가 나중에는 일종의 속박이나 저주가 될 수 있다.

어떤 사람이든 큰 스트레스, 압박감, 추궁을 받는 상황에서 기분이 좋을 수 없다. 여러 번 겪는다고 해서 익숙해지거나 아무 느낌도 들지 않는, 그런 일이 아니다. 겪을 때마다 힘들고 아플 수밖에 없다. 비난, 질책, 조롱을 듣고 싶어 하는 사람이 있을까? 또는 사실이 아닌데 난잡한 소문이나 가정불화 같은 루머가 퍼지는 것을 견딜 수 있는 사람이 있을까? 누구도 도마 위에 올라온 고깃덩이처럼 조각조각 잘려서 이러니저러니 평가를 당한 뒤에, 그럼에도 불구하고 미소를 지으면서 "당신이 있어서 참 좋습니다, 고맙습니다"라고 말해야 하는 상황을 즐길 수 없다.

우울증 때문에
스승이 유행한다

유명인사, 공인 등은 대외적 이미지를 유지할 필요가 있으며 영원히 미소를 잃지 말아야 한다. 완벽함이라는 이름의 칼을 쥐고 있는 것과 같다. 이 칼날은 몸과 마음의 건강을 계속해서 다치게 한다.

요즘 마음의 스승이나 구루라고 불리는 사람들이 많아졌다. 그런 사람을 따르는 신도 중에는 유명인사가 많다. 연예인과 대기업 회장부터 각 분야의 전문가, 엘리트, 권위자들이다. 그들은 스승의 제단 아래 무릎을 꿇고서 절을 하고 수인을 맺고 돈을 기부한다.

인생이 너무 고통스럽기 때문이다.

비웃을 일이 아니다. 괴로운 사람은 누구나 고통을 없애줄 약을 찾기 마련이다.

우리가 해야 할 일은 그들이 우울증을 앓는 데 일조하지 않았는지 돌이켜보는 것이다. 그리고 공인의 삶을 진정한 의미에서 공감하고, 유명인사로 산다는 것이 쉽지 않다는 것을 알아주어야 한다. 그들에게도 정상적인 생활이 필요하며 경청과 지지가 필요하다.

당신이 공인이라면
자신에게 관대하고 자비로워야 한다.
자신을 해치는 칼을 내려놓고
그저 정상적인 삶으로 돌아가야 한다.
강해질 필요도, 완벽해질 필요도 없다.

당신이 공인을 바라보고 있는 누군가라면
더 깊은 이해와 공감능력이 필요하다.
그들이 더 이상 미소우울증으로 고통받지 않아야
그들의 만들어낼 결과물을 더 많이 즐길 수 있다.

행복 가면을 쓴
부부

SNS의 잉꼬부부 VS.
현실의 쇼윈도 부부

"역시, 남의 남편은 절대 실망시키지 않지!"

얼마 전 인터넷에서 이런 말이 유행했다. 이 말에 수많은 아내들이 공감했다고 한다. SNS상의 다정한 남편들을 보고 하는 말이었다. 부러움을 산 아내들은 아마 웃음을 지었을 것이다. 그러나 그 웃음은 겉으로 보이는 것일 뿐 속으로는 웃지 못했을 것이다. 제대로 들여다보면 그 웃음이 즐거운 웃음이 아니라 쓴웃음이라는 것을 알 수 있다.

"두 분은 사이가 참 좋군요! 남편이 이렇게 자상하다니 부러워요." "해외여행도 자주 다니고 재미있게 사시네요. 남편이 아내 분을 많이 사랑하나 봐요. 정말 복도 많으시군요!" 주변에서 이렇게 말하면 당사자는 미소를 지으며 감사하다고 인사할 것이다.

그러나 진실은 그녀 혼자만 알고 있다. 사정을 모르는 사람들의 칭찬, 부러움 같은 것이 실제 상황과 엄청나게 차이가 있다는 것을 말이다.

잉꼬부부인 줄 알았는데
쇼윈도 부부

언제부터였는지 그녀는 휴대전화를 보는 시간이 점점 길어졌다. 지금은 거의 하루 종일 인터넷 검색을 할 지경이다.

외국이나 다른 도시로 여행을 가서 뭔가 새로운 것을 손에 넣으면 반드시 사진을 찍어서 SNS에 올린다. 물론 사진을 올릴 때는 몇 번이나 보정에 보정을 거쳐야 만족한다. 사진을 찍을 때도 구도를 바꿔가며 여러 장을 찍은 뒤에 제일 좋은 사진을 골라야 함이 당연하다. 물건 배치나 색깔 조합 등이 마음에 들지 않으면? 멋진 카펫을 깔기도 하고, 두껍고 멋진 느낌이 풀풀 나는 양장본, 그것도 영어책을 꺼내 배치해본다. 이 모든 과정은 우아해야 하며, 그렇게 하려면 정말 대단한 내공이 필요하다.

대부분의 사람들은 그런 아내와 남편을 보면서 보기 좋다, 멋지다고 말한다. 속으로 이런 생각도 한다. '우리 남편은 왜 저렇게 멋지지 않을까?' '우리 집은 왜 저 여자네 집처럼 근사하지 않을까?' 하지만 부러워하면서도 그 사진의 절반 이상이 혼자서 찍은 사진이거나 음식 사진, 여행 가서 찍은 풍경 사진이라는 것은 눈치채지 못한다. 그녀를 그렇게나 사랑해준다는 남편의 모습은 전설 속 동물처럼 거의 등장하지 않는 것이다.

하루는 24시간이고 1시간은 60분이며 1분은 60초다. 시간은 정해져 있다. 그런데 모든 시간을 인터넷 검색, SNS 관리에 쏟으면서 언제 남편과 다정한 시간을 보낸다는 것일까?

남편이 바빠서, 또는 모종의 이유로 곁에 없을 수는 있지만, 그렇다면 남편이 댓글이든 뭐든 흔적을 남기지 않을까? 이런 일은 시간을 투자해야 가능하다. 왼손으로는 컴퓨터 키보드 자판을 두드리며 일하고, 동시에 오른손으로는 휴대전화 화면을 터치해서 아내의 인스타그램에 댓글을 남기거나 메신저로 연락할 수는 없으니까 말이다. 한편 아내는 계속해서 SNS에 글을 올리거나 접속하고 있다.

진실은 무엇일까? 사실 이 여성의 남편은 두 집 살림을 하고 있었다.

그녀는 어떻게 해야 할까? 무슨 말을 해야 할까?

인터넷에 남편의 저열한 행동을 공론화해야 할까?

좀 이상한 일이기는 하다. 어쨌든 개인적인 가정사인데, 그것이 공론화의 대상이 된다니 말이다.

게다가 그런 진실을 다 밝히느니 그녀는 그대로 죽어버리는 게 더 낫다고 생각한다.

사랑을 맹세했던, 사람들의 부러움을 샀던 잉꼬부부는 이미 과거의 모습이 되었다. 하지만 그녀는 여전히 자신을 부러워하고, 질투하고, 또는 축복해주는 사람들에게 남편의 외도 사실을 밝힐 수 없다.

차라리 거짓된 허상을 만들어내어 전시하는 게 낫다. 그 허상을 보고 있는 사람들에게 그것이 전부 가짜라는 것은 절대 알리고 싶지 않다.

그녀는 마음속 쓸쓸함과 괴로움을 억지로 숨기며 겉으로는 미소를 짓는다.

웃고 있지만 동시에 우울하다.

부러움을 받는 삶이란
오르막만 있고 내려올 수는 없는
막다른 길이다

비밀은 형태가 없고 눈에 보이지 않는다. 그러나 모든 비밀은 끊임없이 누적되며 가중된다. 점점 견고해지는 사슬과 같다. 왜 그럴까?

이유는 비밀이 드러날까 두려워하는 것, 즉 본질은 공포다. 공포 그 자체는 내면 에너지를 갉아먹는다. 공포는 사람을 속박하며 공포의 올가미에서 벗어나려는 시도조차 어렵게 한다. 언제 어느 때고 타인이 진실을 알아차리게 될까 봐 무섭고 불안하다.

그 공포의 아래에는 또 다른 공포가 도사리고 있다.

어떤 공포일까? 바로 버림받았다, 사랑받지 못했다, 사랑받을 자격이 없다는 공포다. 외도하는 남편과 헤어지면 새로운 사랑을 만나지 못할까 봐 두렵고, 자신을 도와줄 사람이 없을까 봐 두렵고, 자신의 이런 공포를 믿어줄 사람이 없을까 봐 두렵다……. 이런 공포가 여러 개의 사슬처럼 그 사람을 꽁꽁 묶어서 지금 있는 그 자리에서 꼼짝달싹 못 하게 만든다. 벗어나려고 애쓸 용기도 내지 못할 정도다.

비밀을 숨기는 데는 생각보다 많은 힘이 든다. 그 사람이 허영덩어리거나 가식적이라서 그러는 게 아니다. 나쁜 사람이라서 그러는 것도 아니다. 처음에는 행복했다. 거짓이 아니었다. SNS 속 행복한 일상이 다 진짜였다. 그녀도 몇 번이나 진실을 말하고 싶었을 것이다. 몇 번이나 이런 상황에서 벗어나려고 시도했을 것이다. 그러나 계속해서 시기를 놓치다 보면 솔직해지기가 점점 더 어려워진다. 비밀은 시간이 지날수록 견고해진다.

비밀을 가진 사람은 비밀을 들키지 않기 위해서 아주 조심스러워져야 한다. 거짓말도 앞뒤가 맞아야 하고 자연스러워야 하니 말이다. 그러나 인터넷 시대인 지금 사람들은 전부 명탐정 코난이다.

미소우울증을 앓는 여러 다른 사례처럼 그들은 성공적으로 내면의 우울감을 감추고 산다. 처음에는 문제가 심각하지 않았고, 상황도 견딜 수 있는 수준이었다. 그러나 시간이 지날수록 상황은 악화되고, 몸과 마음도 어느새 달라져서 인식하지 못하는 사이에 계속 시간을 끌게 된다.

혹시 그런 사람이
주변에 있다면

우리는 늘 좋아하고 부러워하고 숭배하는 사람을 추종한다. 그 사람의 페이스북과 인스타그램에 댓글을 쓰고 '좋아요'를 누른다. 그러나 그럴수록 미소우울증을 앓는 사람은 비밀을 더 깊이, 깊이 감추게 되는 경우가 많다. 가짜로 만들어낸 성공과 행복의 이미지는 더 공고해지고 미소우울증의 가면도 더 단단해진다. 시간이 지날수록 점점 더 벗기 어려워진다.

일부러라도 우울증을 일으키는
스트레스와 자극에서 멀어져라,
그것이 꼭 필요한 일이자
가장 시급한 일이다

하루 종일 집 밖으로 한 발짝도 나가지 않고 밥도 안 먹고 잠도 안 자면서 살 수는 있지만 휴대전화를 열어보지 않고는 하루도 보낼 수 없다는 사람이 많다. 눈 뜨자마자 하는 일은 휴대전화를 켜서 SNS를 확인하는 것이다.

우리는 세상과, 타인과 연락이 끊어지는 것을 두려워한다. 하지만 이런 연락이 우울증을 심화하는 주요한 원인 중 하나라는 것은 알지 못한다.

우리는 때때로 무의식적으로, 자기 자신을 자극적인 분위기와 환경 그리고 스트레스 속에 침잠시키곤 한다. 주변이 온통 불안과 우울을 일으키는 매개체이자 요인들로 가득하다.

SNS에서 소식을 공유하고, '좋아요'를 하나 더 늘리려는 노력이 어떻게 미소우울증을 유발하지 않을 수 있을까? 그러나 우습게도 우리는 매일 휴대전화를 켜고 수시로 인터넷에 접속한다. 이것이 현대사회의 가장 기이한 현상이며, 현대인의 우울증을 단단하게 하는 놀라운 음모다.

SNS 앱을 삭제하고 인터넷에서 멀리 떨어지면 현실세계로, 자신의 진짜 인생으로 돌아오게 된다. 그때부터 차마 말할 수 없었던 고통스러운 삶을 회복시킬 가능성이 생긴다.

판도라의 상자를 여는 것은 쉬운 일이 아니다. 많은 사람이 비밀을 안고서 평생을 보낸다. 판도라의 상자 안에는 그 사람이 평생 가지고 있었던 아쉬움이 담겨 있다. 그리고 뿌리 깊은 두려움도 함께 있다. 우리는 너무 많은 시간과 노력을 자기 자신이 아닌 외부세계, 즉 타인을 응대하는 데 쏟는다. 그러느라 정작 가장 중요한 자신을 한쪽에 밀쳐놓고 잊어버리곤 한다.

모든 어둠은 전부 과도기다. 해가 지면 달이 뜨는 것처럼 삶은 다시 회복되고 시작될 수 있다. 단지 그러려면 스스로 그어놓은 한계선을 넘어서 걸음을 내디뎌야 한다. 그래야 어둠에서 벗어나 빛을 볼 수 있다.

버티고 또 버티는
기혼자

**가정의 책임은 막다른 골목에
서는 일이 아니다**

"집에 오지 않는 게 좋겠다!"

올해 추석, 딸은 어머니와 통화를 했다. 어머니는 고향
에 내려오지 말라고 하셨다. 친척들이 한자리에 모이는데,
분명히 사위는 왜 오지 않았느냐고 물을 것이기 때문이었다.

"이웃 사람이 물어보면 출장을 갔다고 하거나 시댁에
일이 생겼다고 할게. 그래서 이번 추석에는 우리 집에 못 왔
다고 말이다."

부모님은 딸이 이혼 절차를 밟고 있는 것을 다 알면서
도 그런 거짓말을 계속하겠다고 했다.

부모님이 계속해서 거짓말을 지어내는 것은 오직 친척

과 이웃에게 자기 딸이 결혼생활을 파탄으로 끝냈다는 것을
알리고 싶지 않아서였다. 부모님의 마음속에서 제일 중요한
것은 딸이 얼마나 괴로울까, 얼마나 힘들까 하는 것이 아니
라 자기 체면이었다! 딸의 이혼이 가족 전체의 수치라도 되
는 것처럼 그 사실을 꽁꽁 숨겼다.

"정말 위선적인 사회예요."

나를 만난 자리에서 사연의 주인공은 한탄하듯 말했다.

"이혼은 곧 실패라는 거죠. 이 사회의 가치관이 그래요.
안 그런가요? 이혼을 준비하기 전에 우리는 별거만 7년을
했어요. 그 남자가 지금도 전과 같은 직장에 다니는지 애인
이 생겼는지 저는 전혀 몰라요. 물어보지도 않았어요."

내가 이유를 묻자 그녀의 얼굴에는 이해할 수 없다는
표정이 떠올랐다. 동시에 약간의 분노도 엿보였다.

"왜냐고요? 지금 왜냐고 물으셨어요?"

그녀는 연이어 물음표가 붙은 말들을 쏟아냈다.

"물어서 어쩌게요? 묻는다고 그 남자가 대답이나 할까
요?"

"제가 무슨 말을 한다고 그 사람이 달라지나요? 무슨
행동을 하긴 할까요?"

"대꾸를 하기야 했죠, 그래도 인터넷 게임은 계속하던
데요?"

"여러 번 말했지만 그 사람은 집안일을 한 번도 한 적이 없어요. 그 사람이 아빠라고 자각하면서 아이를 키운 적이 있는 줄 아세요?"

그 모든 말들을 쏟아내고 나서 그녀는 깊은 한숨을 쉬었다. 그러고는 곧바로 말을 이었다.

"그런 일은 없어요. 제가 다 해봤다고요."

결혼 후에
오히려 더 멀어지는 관계

그녀는 지난 몇 년간의 결혼생활을 돌아보며 자신이 오래전부터 남편과 진지하게 소통하려고 애썼다고 말했다. 유명하다는 부부관계 전문가의 강의를 수강하기도 했고, 관계 개선 교육과정에 등록하기도 했다. 관련 서적을 사서 매일 아침저녁으로 읽으며 공부했다.

"그게 다 무슨 소용인가요? 결혼생활은 혼자서 하는 게 아닌데요. 저 혼자 관계를 개선하려고 애써봐야 나아지는 건 없었어요."

그녀는 계속 말했다.

"그 사람은 퇴근해서 집에 오면 곧장 자기 방에 들어가서 문을 닫아요. 그리고 안에서 컴퓨터 게임만 했지요. 아이의 학교 성적도 나 몰라라, 집안일도 나 몰라라. 무슨 일이든 다 제가 알아서 해야 했어요. 시부모님이 전화를 하셔도 제가 받았어요. 어른들이 시키는 일도 제가 처리해야 했고요. 남편은 자기 부모님 일인데도 남처럼 신경을 안 썼어요. 딸아이가 학교에서 괴롭힘을 당했을 때도 저만 회사에 휴가를 내고 달려갔죠. 그날은 남편이 집에서 쉬는 날이었는데도요! 회사 동료와 상사가 제 사정을 이해해줘서 다행이었지요. 학교 선생님 전화는 남편이 먼저 받았는데, 선생님께 그랬대요. '애 엄마에게 전하겠습니다.' 세상에, 자기가 낳은 딸이 아닌 것처럼 그랬다는 거예요.

한 가정에서 두 사람 다 성숙하지 않게 책임을 피할 수가 있나요? 남편은 가정 일에는 조금도 책임감이 없었어요. 그저 회피하려고만 했죠. 제가 나서지 않으면 어떻게 됐겠어요? 누가 제 대신 해줄 사람이 있나요?

게다가 아버지, 어머니도 연세가 많으신데 그분들에게 걱정을 끼칠 수는 없잖아요? 그렇게 이기적으로 살 수는 없었어요. 어쨌든 그 남자를 선택한 것도 저고, 제가 원해서 연애하고 결혼했으니까요. 누가 시켜서 억지로 결혼한 게 아니니 책임을 져야죠!"

그녀의 분노는 나를 향하는 것처럼 보였지만 사실은 자

기 마음속의 죄책감, 즉 자기 자신에 대한 분노였다. 결혼생활 내내 노력하고 애썼지만, 실패와 고통만 거듭됐다.

분노는 여러 차례의 좌절 이후 남은 고통과 무력감이었고 도움을 받을 곳이 없다는 절망에서 나온 것이었다.

이혼은
무척 어려운 일이다

그녀는 자신이 사소한 일에 호들갑을 떠는 게 아닌가 고민한 적이 있었다. 어쨌든 남편이 바람을 피우거나 도박에 손을 댄 것이 아니었고, 직업도 있었으니 말이다. 다만 남편과 감정적인 소통이 전혀 없었을 뿐이었다. 같이 살지만 부부가 아니라 공간을 나눠 쓰는 룸메이트 같았다. 가까운 친구들에게 이런 문제를 상담했을 때, 친구들은 결혼생활이란 게 다 그런 거 아니냐고 했다. 마음 통하고 서로 관심을 쏟으면서 사는 부부가 어디 있느냐고 말이다. 그런 것은 결혼 전에나 가능하다고도 말했다.

이혼은 쉬운 일이 아니다. 이혼율이 점점 높아지고 있다고는 하지만, 그렇다고 이 사회가 이혼한 사람을 공정하게 대하고, 이혼하기로 결정한 뜻을 존중한다는 의미는 아니다. 아직까지 불합리하고 불공정한 사회 현실을 생각하면 이혼이라는 꼬리표는 붙이지 않는 것이 좋을지도 모른다. 이혼을 한 사람은 나인데 가족들이 민망해하는 현실을 생각해보라. 이혼하면 친구나 이웃은 무엇을 연상할까? 그들은 또 얼마나 많은 편견의 꼬리표를 붙일 것인가?

"여자 쪽에서 뭔가 부족했던 거 아니에요? 아이를 못 낳아서 그런가."

"아니면 요리 솜씨가 꽝이었을까요? 왜, 남자의 위장을 사로잡지 못하면 마음도 사로잡지 못한다고들 하잖아요."

"그것도 아니면 여자가 회사에서 일을 너무 잘했나 보죠. 성격이 드셌을 수도 있고요. 남자의 자존심을 세워주지 않았던 거지."

텔레비전에 나와서 떠드는 전문가들은 다 이렇게 말한다. 부부관계에 문제가 생겼다면 양쪽 모두에게 책임이 있다고 말이다. 다시 말해서 두 사람 다 잘못했다, 문제가 있다는 것이다. 그녀는 재판정에 서서 판결을 받기도 전에 곤장 백 대를 맞고 시작하는 기분이라고 했다.

있는 힘껏 짜낸
미소 뒤의 우울증

　　미소우울증을 앓는 사람은 가까운 친구에게
도 진실한 감정을 털어놓을 수 없어서 힘들어하고 또 털어놓
을 수 없다고 믿는다. 그들은 이런 고통을 가져온 사건과 스
트레스의 근원은 친구도 도와줄 수 없다고 생각한다. 그래서
이번 사례에 나온 여성도 고통스러운 마음, 결혼생활 스트레
스와 아이를 키워야 한다는 책임감까지 전부 혼자서 묵묵히
짊어질 수밖에 없었다.

　　미소우울증을 앓는 사람은 자신의 우울과 슬픔이 바깥
으로 드러나면 다른 사람에게 폐가 될 것이라 생각해 드러
내기를 주저한다. 다른 사람을 실망시키는 것, 자기 자신을
실망시키는 것도 두려운 일이다. "내가 이렇게 쓸모없는 사
람이었다니! 집안 하나 건사를 못 해서 이 꼴이 되다니!"

　　심지어 자신을 채찍질하고 참으려고도 한다. "포기하겠
다고 마음먹으면 책임감 없는 인간이 되는 거야. 그러면 남
편하고 다를 게 없어."

　　태양은 매일 동쪽에서 떠오르고, 지구는 매일 자전 운
동을 한다. 하루하루가 다르지 않게 흘러간다. 직장 업무도
마찬가지고, 가정생활도 마찬가지다. 미소 지은 얼굴로 계

속해서 살아갈 수 있다. 단지 결혼생활과 남편에 대한 이야기를 직장 동료들과 수다를 떨 때 언급하지 않게 되었을 뿐이다.

그런 뒤로 기나긴 위장이 계속되었다. 위장한 채 살아가는 시간이 길어지자 더 이상 눈물도 나오지 않게 되었다.

위장을 멈춰도
당신은 외롭지 않다

정말로 눈물이 멈춘 것일까? 사실은 그렇지 않다. 우연히 어느 순간 마음속 깊은 곳이 건드려질 때가 있다. 미소 짓는 가면을 쓰고 있는데 누군가 생각지도 않게 가면을 훅 벗겨낼 때가 있다. 가면이 벗겨지면 눈물이 후드득 쏟아진다. 소나기처럼 맹렬하게 쏟아진다.

그런 예기치 못한 순간에 무슨 일이 일어난 걸까? 아마도 자신을 진정으로 이해하고 공감해주는 사람을 만났을 것이다. 또는 마음속 깊은 곳에 와 닿는 노래 한 소절, 글 한 줄을 접했을지도 모른다.

그런 순간에 자신과 비슷한 상황에 처한 사람이 적지 않다는 것을 깨닫게 된다. 외롭지 않다는 것을 알게 된다. 더는 진짜 자신을 감추면서 다른 모습을 연기하며 살지 않아도 된다는 생각이 들면 엉엉 큰 소리로 울게 될 것이다.

눈물은 사실 동력이다. 흘러내려야 하고 토로해야 한다. 울 수 있으면 다 된 것이다. 가능하면 몇 번 더 울어도 좋다. 아주 목놓아 울어도 된다. 눈물이 마음속 깊은 곳에 쌓여 있던 찌꺼기를 다 쓸어버릴 것이다. 그런 다음 고개를 들면, 태양이 떠오르고 주변이 밝아지는 것을 느낄 수 있다.

마음이 멍든
모범생

아이들은 그 자체로
아름답고 훌륭하다

우리가 사는 이 사회는 우리의 몸과 마음을 병들게 한다. 사람을 미치게 한다.

세계보건기구WHO의 조사 결과에 따르면, 전 세계에서 약 3억 5천만 명이 우울증을 앓고 있다. 2020년이 되면 우울증은 심신장애의 주요 원인이 될 것이다.

그뿐 아니라 대만 위생복리부(우리나라 보건복지부에 해당한다—옮긴이) 통계에 따르면 2017년 대만 인구 중 264만 명이 정신질환으로 고통받고 있으며 의학적 도움이 필요한 상태다. 대만대학교 정신의학과에서 발표한 〈아동 및 청소년의 정신질환 역학조사 결과兒少精神疾病流行病學調查結果〉 보고

서는 28.7퍼센트의 아동 및 청소년이 정신질환을 앓고 있다고 밝혔다. 3퍼센트는 자살 충동을 느낀 적이 있고, 0.3퍼센트는 실제 자살 시도를 했다.

이런 연구 결과와 통계 수치는 무서울 지경이다. 우울증 문제는 절대 소홀하게 지나쳐서는 안 된다. 우울증은 사회 구조의 여러 각도에서 전반적이고 완전하게 이해되어야 하며, 개인 차원의 원인에 따른 결과로 치부해서는 안 된다.

점점 우울해지는 W형 사회

예전에는 정신질환의 원인을 대개 생리적 병변 또는 개인의 성격 문제 등에서 찾았다. 예를 들면, 자기를 비하하는 성격이나 낮은 자존감, 완벽주의, 나약한 심성 등이 원인이라고 보았던 것이다. 문제의 원인을 개인에게서 찾으면 사회라는 무척 중요한 요소를 놓치게 된다.

지금은 M형 사회(일본의 저명한 경제학자인 오마에 겐이치大前研一가 제창한 것으로 현대사회의 빈부격차가 심각해지면서 중산층이 급격하게 감소하고 부유층과 빈곤층의 양극화가 대립구도를 형성해 마치 영문 M자와 같은 사회경제적 구조를 이루게 됐다는 이론이다―옮긴이)일 뿐 아니라 좀 더 진지하게 보면 M

보다 더 극단적으로 양극화된 그래프 모양인 W형 사회다.

보통 서민 또는 중산층은 바닥으로 한번 떨어지면 아무리 노력해도 위로 올라갈 수 없다. 사회의 빈부격차가 극심해져서 잡지나 신문, 텔레비전 뉴스에 나오는 호화주택, 명품 차, 호화 여행 등을 누구나 부러워하고 원하는 사회가 됐다. 누구나 부자를 꿈꾸고 부자를 시기, 질투한다.

돈 있는 사람은 부모가 물려준 재산을 바탕으로 투자해서 몇 배로 불려나가면 되니 힘들게 일하면서 한 걸음씩 성공을 향해 나갈 필요가 없다. 본인의 시간과 체력, 능력까지 쏟으면 더 빠르고 지속적으로 부를 축적할 수 있다.

반대로 물려받은 재산이 없는 보통 사람은 착실하게 근근이 일해야 한다. 시간을 돈으로 바꾸고, 체력이 닳으면 병원비로 메우면서 사는 것이라 일을 할수록 피로해지고 가난해진다. 왜 그럴까? 자기 성장에 투자할 만큼의 충분한 심리적 에너지와 시간이 없기 때문이다. 예를 들면 보통 사람이 투잡을 구하거나 분야를 넘나들며 자유롭게 일하기 위해 직업 능력을 키운다고 생각해보자. 또 운동 등을 통해 건강한 몸과 체력, 지구력을 키운다고 생각해보자. 하지만 현실에서는 건강한 정신으로 살기 위한 가장 기본적인 휴식 시간 또는 수면 시간조차 보장하기가 어렵다. 그러니 보통 사람은 일하면 일할수록 힘들어진다.

이렇게 계속 살아가면 몸과 마음의 중압감도 점점 더 커질 수밖에 없다.

생존하기 위해서
악순환을 멈춰라

가난할수록 돈을 버는 데 시간을 써야 한다. 더 많은 시간을 돈 버는 데 쏟을수록 몸은 더 피곤해진다. 자기계발을 위해 공부할 시간도 없다. 먹는 것, 자는 것도 제대로 신경 쓰지 못하고 시간에 쫓기면서 마트에서 산 인스턴트를 먹고 침대에 눕자마자 곯아떨어진다.

이렇게 모든 일에 효율을 따지는 사회에서 자신을 위해 맛있는 요리를 할 시간이 있을까? 무슨 시간이 있어서 가족과 단란하게 이야기를 나눌 수 있을까? 대부분 부모님이 퇴근하고 집에 오면 아이들은 이미 잠든 시간이다. 겨우 시간이 나서 한자리에 모여도, 조용히 대화를 나누고 서로의 이야기를 경청하는 모습은 동화 같은 이야기이며 비현실적인 신화에 가깝다.

경쟁적인 사회 분위기, 빠르게 돌아가는 업무 속도를 견뎌야 하는 우리들의 심리적 에너지가 이미 원래 가지고 있던 인내심과 온화한 성격을 다 마모시켜버렸기 때문이다. 남은 것은 가슴속에 가득찬 울화와 짜증이다. 조그만 일에도 화를 벌컥 내고 뭘 봐도 다 거슬린다.

"이번 수학 시험에서 겨우 89점을 받았니?"

"어째서 이런 쉬운 문제도 못 푸는 거냐?"

"지금 몇 신데 아직도 숙제를 안 했어!"

그러니 부모와 자식 사이에는 늘 갈등만 생긴다. 부모는 성적 이야기만 하고, 자식은 학원비 이야기만 한다. 부모와 자식 사이에 다정다감한 교류는 사라지고 숫자만 남았다. 이런 나날이 길어지면 부모 자식 사이는 점점 멀어지고 골이 깊어진다. 아이들이 학교에서 어떻게 지내는지, 정서는 어떤지, 부모는 조금도 이해하지 못한다.

엘리트주의 사회에서 멍든 아이들

이런 사회에서는 어른뿐 아니라 아이들도 고생이다. 성적에 따라 상급 학교의 진학 여부가 결정되는 시스템에서 부모는 자녀가 학업 진도를 따라가지 못할까 봐 걱정하고, 가능하면 진도를 앞서 나가기를 바란다. 대만은 오랫동안 교육개혁을 시행했지만 느리게 포복하는 듯한 속도로 전진해왔을 뿐이다. 힘들게 교육개혁을 해도 사람들 마음속에 깊이 자리 잡은 엘리트주의는 단 한 차례도 쇠퇴한 적이 없다. 개인의 재능을 발굴하고 각자 흥미를 가진 분야를 존중한다는 생각은 단지 입으로만 외치는 듣기 좋은 구호였다.

내가 학교를 졸업하고 20년이 흘렀다. 그 사이 정부는 부단히 교재 내용과 시험 제도를 바꿨지만 학생들의 중압감은 전혀 줄어들지 않았다. 오히려 해가 갈수록 학업 부담은 커지고 있다.

얼마 전 학교에서 심리치료 수업을 진행하는데, 성적은 우수한데 교우 관계가 원만하지 못한 학생이 있었다. 나는 그 학생이 했던 말을 오랫동안 잊지 못할 것 같다.

"왜 친구를 사귀어야 하나요? 우리는 다 경쟁자인데요?"

그 말을 듣고 깜짝 놀랐고 한편으로는 슬펐다. 그러면서 그 학생이 너무 세상 물정에 밝은 것인지, 내가 너무 순진한 것인지 생각해보게 되었다.

아이들의 밝은 눈은 무엇이든 정확하게 꿰뚫어본다.

아이들을 위해 숫자가 아닌
아름다움을 지키자

성적지상주의, 엘리트주의, 지나친 진학열은 모든 학생에게 동일한 괴로움을 준다. 누구나 깊고 무거운 고독감을 느끼게 된다. 학생들은 서로 친구이기에 앞서 경쟁자이므로 응원하고 협동하고 단결하는 것이 불가능하다. 또래 친구들끼리 적이 되어 싸워야 한다. 당연하게도 우울하고 불안할 수밖에 없다.

올리비아 레메스는 미소우울증을 앓는 사람이 감정은 몹시 다운되어 있지만 성공적으로 우울감 문제를 숨기고 있다고 말한다. 이런 사람은 자살을 선택할 가능성이 높다. 하는 일에서 실패할 경우 겪게 될 수치스럽고 어색한 상황을 자주 예상하고, 그런 일이 일어날 가능성에 특히 민감하다.

그래서 학업 성적이 좋은 모범생일수록 더욱 더 시험을 잘 보지 못한 자신을 인정하고 받아들이지 못한다. 모범생들은 평소 학업 성적이 뛰어나고 또래 친구들 사이에서 눈에 띈다. 객관적으로 볼 때 심리적 문제를 가질 이유가 전혀 없다. 하지만 그들이 걱정하고 힘들어하는 일은 마음속 깊이 감춰져 있다. 정말로 걱정하는 문제가 발생할 수도 있고, 어쩌면 결국 아무 일도 일어나지 않을 수도 있다.

사실 이 세상에, 그리고 우리 주변에 있는 심각한 우울증 환자들은 대개 미소 띤 가면을 쓰고 산다. 그래서 미소 뒤에 숨은 자살 신호가 드러나지 않는 경우가 많다. 이런 미소우울증은 주변에서 최대한 빨리 알아차리고 도움의 손길을 뻗어야 한다.

　　나는 《어린 왕자》 이야기를 좋아한다. 특히 어린 왕자가 숫자를 몹시 사랑하는 어른들을 만나는 대목이 인상적이다. 《어린 왕자》에서 어른들은 숫자가 아닌 것은 잘 인식하지 못할 뿐 아니라 관심도 없다.

　　그런 어른들을 만났을 때 어린 왕자가 느낀 감정을 이 세상의 많은 학생들도 느낄 것이라 생각한다. 학생들은 어른들에게 이해받기를 바라며, 또한 어른들이 숫자가 아닌 아름다움을 알아보기를 기대한다.

남들이 부러워하는
완벽주의자

완벽이라는 가면을 벗으면
더 자유로워진다

이번 이야기의 주인공 여성은 부족한 게 없는 삶을 사는 것처럼 보였다. 세련된 외모에 주체성이 있는, 경제적으로 독립한 여성으로서 이 시대가 원하는 새로운 여성상에 딱 맞아떨어지는 존재였다. 그녀는 원하는 대로 자유롭게 사는 듯했다. 예전에는 "원앙처럼 사이좋은 짝을 만나는 것이 신선처럼 사는 것보다 좋다"고들 했는데 요즘 사람들은 오히려 거침없이 자유롭게 사는 삶을 더 선호한다.

그녀는 경제적 안정을 위해 다른 사람에게 의존할 필요가 없었다. 그래서 결혼과 가정 등 사회가 결혼 적령기 여성에게 기대하는 부분을 따르지 않았다. 이대로 계속 결혼하지 않으면 노처녀가 된다거나, 결혼해서 아이를 낳아 기르지 않으면 완전한 여성이 아니라는 생각의 틀에 속박되지 않았다. 그녀는 전통적인 고정관념과 권위에 순응하지 않고 자기 자신의 선택에 따라 살기로 결정했다.

전반적으로 볼 때 그리고 객관적인 시각에서 그녀는 확실히 잘 지내고 있었다. 가족이 발목을 잡는 일도 없었고, 큰 병을 앓지도 않았으며, 자신이 하고 싶었던 일에 오랫동안 꾸준히 종사했다. 일이 곧 생활의 중심이었다. 일하지 않는 시간에는 스포츠 댄스와 첼로를 배우거나 등산, 암벽등반 등을 즐겼다. 종종 시간을 내어 외국 여행도 다녔다. 그러나 그녀는 즐겁지 않았다. 그리고 사람들이 모르는, 누구도 제대로 이해해주지 못하는 우울감을 대부분 숨기며 살았다.

주체적인 여성의 미소우울증

그녀는 몇 년 전 일을 떠올렸다. 우연히 일본 드라마 〈러브 코션트恋愛偏差値〉를 보고 자신을 돌아보게 된 날이었다. 드라마 첫 화의 주인공은 나카타니 미키中谷美紀가 연기한 인물이었는데, 그 여자는 실연의 그림자에서 빠져나오지 못해 일까지 엉켜버린 싱글 도시 여성이었다. 그녀는 괴로움과 중압감이 너무 심해서 사람들이 보지 않을 때 폭식을 하곤 했다. 빵을 마구 입 안에 밀어 넣는 것으로 응어리진 감정을 풀고 고통에서 도피하는 것이었다.

이번 사례의 주인공 여성과 일본 드라마 속 여성은 모두 싱글이다. 샌드위치 세대와 달리 위로 봉양해야 할 부모님이 있거나 아래로는 양육비부터 학비까지 내야 하는 어린 자녀가 있는 상황은 아니다. 밖에서 볼 때 인생의 중압감이 다른 사람들보다 훨씬 가벼울 것 같다. 심리 상태도 분명히 더 즐겁고 편안할 것 같다. 우울증 같은 것과는 전혀 관련 없을 인생이다. 그렇지 않을까?

실제 상황은 그와 다르다.

누구에게나 자기만의 고충이 있다. 실력이 뛰어난 사람도, 성공을 향해 아무런 장애물 없이 달려가는 것처럼 보였던 사람도 그 과정 속에서 갖은 실패와 좌절을 겪는다. 어떤 사람도 하는 일마다 다 잘 풀릴 수는 없다. 손만 대면 돌멩이가 금덩이로 바뀌는 마법이 존재하지 않는 것과 같다. 사업적으로 상당한 성공을 거두어서 자신의 앞길을 멋지게 능동적으로 개척해가는 어떤 인물이 있다고 하자. 뛰어난 기업의 대표로 선정되어 여러 언론에서 취재 요청을 받을 정도로 유명해졌다고도 상상해보자. 그런데 그 사람이 사업에 모든 에너지를 쏟았다면 삶의 다른 부분에는 신경을 덜 썼다는 의미가 아닐까? 이처럼 세상 사람이라면 누구나 남들에게 말하지 못할 고충을 숨기고 있을지 모른다.

눈에 보이지 않는
잠재적 억압

미소우울증은 완벽주의 성향이 두드러지는 사람들에게서 많이 나타난다. 완벽주의의 특징은 현실에 부합하지 않을 만큼 과도하게 엄격한 기준을 세워두고 그 기준에 도달하려고 부단히 애쓰는 것이다. 그들은 이상적인 목표에 반드시 도달해야 한다고 생각하며, 할 수 있다면 목표를 초과 달성하기를 바란다. 그 결과가 자신에게 불리하거나 심할 경우 위해를 끼친다고 해도 신경 쓰지 않는다.

이런 사람은 실행력이 뛰어나고 목표 달성률도 아주 높다. 때문에 느긋하게 풀어지는 법이 없다. 완벽해지기 위해서 자신에게 엄격한 잣대를 들이댄다. 조그만 오점도 용납하지 않고 오로지 더 나은 결과만을 바라보고 달린다. 그러나 이런 태도 역시 우울증의 징조일 가능성이 크다. 이런 사람들은 자신이 해내지 못한 일, 잘하지 못한 부분만 확대해서 생각하는 경향이 있다. 또한 몸과 마음의 에너지가 고갈 되었다는 경고성 정서 반응이 나타나도 이를 무시하고 부정하거나 철저히 잊어버리는 경우가 잦다.

어떤 사람은 부정적인 정서 반응을 느끼지만 이를 스스로 억압하고 있다는 점을 인지하고, 그 사실을 솔직히 인정하기도 한다. 그런데도 그 불편하고 힘든 상황을 계속 인내한다면 자기 자신을 힘든 환경 속에 놔둔 채 억지로 참으라고 강요하는 것과 같다. 어떤 사람은 억압된 정서를 의식의 심층부로 더 깊이 밀어 넣는다. 그 결과 스스로 자신을 억압하고 있다는 사실조차 인지하지 못하기도 한다. 그런 상태로 아무렇지 않은 듯 미소 지으며 사는 것이다. 이런 사람들은 많은 경우 자신이 무엇을, 왜, 언제부터 억압했는지 전혀 알지 못한다.

완벽을 추구하는 사람이 가장 인지하기 어려운 부분이 바로 자기 자신에 의한 잠재적 억압이다.

미소우울증이
완벽주의자에게 생길 경우

많은 심리학 연구 결과가 보여주듯 완벽주의

는 섭식장애와 관련이 있다. 거식증이든 폭식증이든 그들은 생활 속에서 느끼는 스트레스와 정서적 고통을 비정상적인 섭식 방식으로 표출한다.

물론 단지 섭식장애 문제만이 아니라 폭음, 쇼핑 중독 등 과도하게 한 가지 행위에 빠져드는 것은 전부 우울증의 지표가 된다. 우울증 증세에는 눈물을 흘리거나 불면을 겪거나 자살 충동을 느끼는 것만 있지 않다. 그러니 우리는 주변 사람들을 더 많이 관찰하고 이해하려고 노력해야 한다.

미소우울증 역시 마찬가지다. 미소우울증을 앓는 완벽주의자들은 우울한 감정을 잘 감출 수 있다. 이들은 대부분 직업적으로 성공한 경우가 많다. 말하자면 능력 좋은 사람들이다. 그렇지 않다면 직업적으로든 다른 쪽으로든 성공할수 없었을 테니 말이다. 이렇듯 유능한 사람들이기 때문에 삶을 마감하겠다고 마음먹으면 그 시도마저 어렵잖게 성공할 가능성이 높다.

이들의 자살은 종종 아무런 징조도 없이 갑자기 벌어지며 주변 사람들이 전혀 손쓸 틈이 없는 경우가 많다. 친구나 가족도 이들의 우울증을 전혀 알아차리지 못했기 때문이다. 대부분의 경우 이들은 우울한 감정을 억압하며 모든 힘들고 부정적인 일들을 마음속 깊숙이 꾹 눌러놓고 주변에 알리지 않는다. 늘 웃고 있기 때문에 겉모습만 보아서는 아주 행복하게 잘 지내는 것처럼 보인다. 그래서 이들을 아끼는 사람들이 제때 문제를 발견하지 못한다.

자책의 목소리를
누그러뜨려라

　미소우울증을 앓는 사람은 쉽게 자책한다. 그것도 과할 정도로 자책하는 경향이 있다. 그래서 힘들다거나 어떤 문제가 있다고 표현하기를 어려워한다. 과도한 자책은 곧 왜곡된 자기반성이 되기 때문이다.

　본래대로라면 자기반성은 자신의 행동방식을 돌이켜보고 잘못을 고칠 수 있게 해주는 좋은 태도다. 그러니 자신을 질책하는 내면 목소리를 당장 그리고 몽땅 지워버릴 필요는 없다. 그렇게 할 수도 없다. 다만 자책하는 날카로운 목소리를 조금 부드럽게 누그러뜨리면 좋겠다. 자신을 돌아보고 어떤 점을 고칠지 검토한다고 생각하자. 야단치고 비판하는 것이 아니다. '다음에는 더 잘할 수 있다', '실직했다고 해서 죄를 지은 것은 아니다' 이렇게 생각하자.

완벽주의에서 벗어나면
더 자유롭다

완벽을 추구하는 사람의 적은 다른 누구도 아닌 자기 자신이다. 라이벌이 아무리 잘났어도 마음속까지 찾아오진 못한다. 마음속에서 시도 때도 없이 '더 노력해라', '이것보다 더 잘해야 한다', '1분 더 자면 네 라이벌은 1킬로미터 앞서 간다'라는 식으로 채찍질할 수 있는 사람은 본인뿐이다.

이 세상에는 더 많은 성공이 필요하지 않다. 세속적으로 인정받는 성공이란 대다수가 가짜이며, 잠깐 다른 사람들이 치켜세워주는 정도의 일일 뿐이다. 그러니 세속적인 성공을 위해서 더 많은 것을 잃은 뒤에 평생 후회해서는 안 된다. 평생 이뤄야 할 목표를 좇아 달리기만 하고 하루하루 일상을 맹목적으로 바쁘게 살다 보면 진정한 삶의 의미를 잃고 막막해지기 쉽다.

매일매일 바쁘게 지내다 갑자기 말로 표현하기 어려운 막막함을 느끼고 뒤를 돌아볼 때서야 자신이 평생 주관 없이 살아왔다는 것을 발견하는 것이다. 그때 자신이 한 번도 인생을 돌아보며 어떤 길을 걸어왔는지 생각해본 적이 없다는 사실을 깨닫게 된다.

이 세상에 진정으로 필요한 것은 협력, 신뢰, 관심 그리고 감정 교류다. 겉보기에만 화기애애하고 속으로는 서로 짓밟지 못해 안달이 난 경쟁이 아니다.

완벽을 추구하면서 스스로를 몰아붙이지 않으면 나와 타인 모두 안정과 신뢰를 느낄 수 있다. 그런 점에서 볼 때 완벽주의라는 틀은 우리를 구속하는 족쇄와 같다.

우리가 현재 자기 모습을 있는 그대로 받아들이고, 진정으로 자신을 사랑하는 방법이 무엇인지 알게 된다면 세상의 기준에 부합하기 위한 완벽주의는 쓸모를 잃게 된다. 각자의 아름다움을 세상의 기준, 사회적 정의에 맞추지 않아도 된다. 우리는 존재 그 자체로 이미 아름답다. 가장 아름답다.

마음을 드러내지 못하는
남자들

남자들은 종종
우울증 통계의 허수가 된다

"아들이 무차별 살인마가 하는 짓을 흉내 낸다고 어떻게 말합니까?"

이번 사례의 주인공 남성은 4년 전만 해도 매일 건물 옥상에서 뛰어내리는 생각을 했다. 아들 때문이었다. 아들은 아주 어렸을 때부터 다른 아이들에 비해 발달이 느렸고 여러 가지 복합적인 장애를 갖고 있었다. 이렇게 말하면 지능 문제라고 생각하겠지만, 그런 것과는 조금 달랐다. 아스퍼거 증후군이라고 보기에는 특별한 재능이 보이지 않았다. 아들은 중학생이 되어서도 일상생활을 제대로 처리하지 못했다. 씻지 않아서 늘 이상한 냄새가 났고, 다른 사람을 기괴한 시선으로 바라봤다. 가끔은 공격성을 띨 때도 있었다. 좋아하는 일에는 집착하는 경향이 있었는데, 부모가 자신의 요구를 들어주지 않아 화가 나면 칼로 소파, 커튼, 벽지, 옷 등을 마구 그어대곤 했다. 동생의 책을 갈기갈기 찢어서 변기에 처넣은 적도 있었다. 종잇조각 하나 찾지 못하게 말이다.

누구도 그의 마음이 얼마나 춥고 힘든지 알지 못했다

이 사연의 주인공은 젊은 시절에 열심히 노력한 덕분에 쉰 살이 되었을 무렵 비슷한 나이의 다른 사람들보다 빠르게 은퇴해서 여유롭게 살 수 있었다. 중학생 때부터 학업과 일을 병행하면서 다양한 직업을 거쳤다. 돈을 조금 모아서 투자를 공부했고, 아버지가 남긴 재산과 자신이 모은 돈으로 부동산 투자를 시작했다. 처음에는 작은 건물이었지만 점점 건물이 늘어났다. 지금은 다세대 건물을 여러 채 소유하고 있다. 건물 임대료만으로도 경제적인 어려움 없이 안정적인 생활이 가능했다. 그는 평소 전통 중국화나 색소폰 연주를 배우며 시간을 보냈고, 마음 맞는 친구들과 등산을 하거나 오목을 두었다. 그러나 이런 평온한 삶은 그에게 아들이 없다는 가정 하에서만 가능했다.

아들은 자주 사고를 쳤다. 하루가 멀다 하고 학교 선생님이 전화를 해서는 아들이 학교에서 무슨 짓을 했는지 이야기했다. 여학생의 엉덩이를 몰래 만져서 교내 성폭력방지 대책위원회가 열렸고, 반 친구가 자신을 싫어한다고 생각해서 그 친구를 괴롭힌 끝에 울리기도 했다. 아들이 괴롭힌 학생의 부모가 학교에 고발하러 온 적도 있었다. 그 밖에도 아들은 감정이 격해지면 갑자기 사라져서 학교의 어느 구석진 곳에 처박혀 있는 때가 많았다. 선생님은 교내 방송으로 아들을 부르다가 안 되면 학생들을 시켜서 찾아보게 했는데, 그렇게 하고도 찾지 못하면 걱정이 되어 급히 전화를 걸어오곤 했다. 아버지께서 학교에 와서 상황을 해결해달라고 말이다.

다행인지 불행인지 그가 직장에 매여 있는 몸이 아니어서 그럴 때마다 학교로 달려갈 수 있었다.

그뿐 아니라 집에 돌아와서도 늘 시선이 닿는 곳에 아들이 있지 않으면 마음이 놓이지 않았다. 아들은 다섯 살 어린 동생과 놀다가 싸움이 벌어졌을 때 화를 참지 못해 식칼을 집어든 적이 몇 번이나 있었다. 처음 그 모습을 보았을 때는 너무 놀라고 무서워서 다리가 후들거릴 지경이었다. 그럴 때는 그가 큰아들을 달래는 사이 아내가 둘째를 데리고 자리를 피했다.

어느 집이든 형제끼리 싸우지 않고 크는 경우는 없다. 형제 싸움이야 무슨 대수일까? 하지만 큰아들은 공격성이 강해서 아버지가 말려도 듣지 않을 때가 많았다. 아들은 외부에서 정보를 받아들여 이해하고 종합하는 능력이 부족했다. 심지어 외부 정보를 제멋대로 왜곡할 때도 있었다. 텔레비전 뉴스에서 무차별 살인 사건이 보도되었을 때는 "나도 저렇게 해야지"라고 말해 그를 혼비백산하게 했다. 게다가 그 소리를 며칠씩 반복하는 바람에 아버지인 그는 두려운 마음에 잠을 이루지 못했다.

어떻게 가르쳐야 하나? 무엇을 가르쳐야 하나? 그는 공부를 많이 한 사람이 아니었다. 하지만 공부를 귀찮아하지는 않았다. 그는 우선 자녀 교육에 관한 책을 사서 읽었고, 인터넷을 뒤지며 관련 자료를 모았다. 그러나 곧 시중에 나와 있는 책은 일반 가정을 대상으로 쓰인 것임을 깨달았다. 그에게 필요한 지식은 그런 것이 아니었다. 그는 언젠가 큰아들이 동생을 해칠까 봐 두려웠다.

한 친구는 아들을 산속에 자리 잡은 요양원에 보내라고 권했다. 하지만 차마 그럴 수 없었다. 어떻게 아들을 포기할 수 있을까? 그 아이도 자기 아들이었다. 힘들게 기저귀를 갈아주며 키워낸 아들이었다. 그런 아들을 산속 깊은 병원에 가두고 남은 평생을 거기서 살게 만들다니, 그럴 수는 없었다!

이렇게 해서 그는 매일 걱정, 불안, 공포 속에서 살았다. 아들의 미래를 걱정했지만, 보통의 부모처럼 '좋은 학교에 진학할 수 있을까' 같은 문제가 아니라 아들의 안전을 걱정했다. 자신의 힘이 미치지 못해서, 무언가 작은 실수를 해서, 더 잘하지 못해서 아들이 잘못되면 어쩌나 불안했다. 그리고 다른 가족과 아무 죄도 없는 사람들이 아들 때문에 피해를 입을까 두려웠다.

이런 남자가 우울하지 않을 수 있을까? 그는 몹시 우울했다. 하지만 어디다 말할 수도 없었다. 그는 직장 스트레스가 없었고, 아내와의 관계도 원만했다. 많은 이들이 그를 부러워했다. 그러니 고민과 우울함을 토로했더라도 진정으로 이해해주는 사람은 없었을 것이다. 게다가 이런 문제는 남들에게 말해봐야 별 소용이 없다. 아들의 문제는 영원히 풀리지 않는 난제였다……

남자들은 종종
우울증 통계의 허수가 된다

대만에서 언론 보도나 연구 결과 등을 보면, 우울증 환자의 6분의 5가 여성이라고 말한다. 그런데 알아야 할 게 있다. 남자들은 대부분이 억압되어 있어서 좌절을 겪거나 심리 문제가 있어도 먼저 털어놓는 경우가 매우 적다는 사실이다. 병원을 찾아가서 심리치료를 받으려는 남자는 더욱 적다.

여자들은 보통 자매나 오랜 친구에게 괴로움을 토로한다. 가까운 친구들끼리 모여 있는 채팅방도 몇 개씩 있다. 심리학 강연에도 참석하고, 독서 모임도 결성한다. 이런 일은 대부분 여성이 한다. 그렇다면 남자들은? 남성 참가자가 아예 없는 것은 아니지만 상대적으로 적다.

다시 말해 남성은 드러나지 않은 대규모 우울증 위험군이다.

그렇다면 남자들은 다 무엇을 하고 있는가? 우선 퇴근후에 술을 한잔한다! 가볍게 마시는 것은 문제가 아니지만 많은 경우 알코올 중독이 될 정도로 많이 마신다. 또는 컴퓨터 게임에 눈을 돌렸다가 저도 모르는 사이에 빠져들기도 한다. 그들은 자신이 느끼는 우울한 감정을 부정하고 억압

한다. 심할 경우 감정을 완전히 격리시켜 전혀 그런 일이 없었다는 듯 자기 자신을 속이며 위안을 얻는다. 큰 문제가 터져도 자고 일어나면 아무 일도 없던 것이 된다고 생각하는 식이다.

하지만 정말로 문제가 사라졌는가?

문제는 여전히 존재한다. 감정은 계속해서 쌓인다. 자신은 버틸 수 있다고 생각하지만, 더는 견디지 못하는 순간이 오면 와르르 무너지고 만다.

그뿐 아니라 자살 시도에 성공하는 비율은 남성이 여성보다 훨씬 높다. 자살을 시도하는 비율은 여성이 더 높은데도 말이다.

대만 전역에 설치된 자살예방센터의 최근 통계를 보면, 성별에 따른 심층 분석이 잘 나와 있다.

사망에 이른 남성 자살자의 수가 여성의 두 배다. 남자들이 선택하는 가장 많은 자살 방식은 목을 매는 것, 연탄가스를 피우는 것, 농약을 마시는 것이다. 다시 말해서 남자들은 먼저 나서서 도움을 청하지 못하는 편이라 자살을 선택할 경우에는 과격하고 구조될 여지가 적은 방법을 고르는 경향이 있다.

고난, 시련, 탈피의 계기

앞서 나온 이야기 속 아버지는 4년 전 매일 건물 옥상에서 뛰어내리고 싶었던 심리 상태에서 어떻게 벗어났을까?

그는 다행히 아내와 작은 아들이 곁에서 힘이 되었다고 말했다. 큰아들은 풀지 못하는 난제였지만 그래도 그가 가장 마음 쓰는 대상이었다. 다행히 아내와 사이가 좋았고 거의 다투지 않았던 데다가 아내 역시 가장으로서 그가 필요했다. 살아야겠다고 결심한 날부터 그는 자신과 아들 사이의 인연이 아주 깊다고 생각하기로 했다. 큰아들은 영원히 집을 떠나지 않을 것이며, 그럴 능력도 없었다. 그는 영원히 큰아들을 돌보며 살기로 했다.

이런 속담이 있다. "똑똑한 자식일수록 집에서 멀어진다." 이 말을 들으면 많은 부모가 겉으로는 자식을 자랑스러워하지만 한편으로는 말하기 힘든 씁쓸함도 느낀다. 그는 평생 이 말에 담긴 미묘한 씁쓸함을 느끼지 못할 거라고 생각했다. 왜냐하면 큰아들은 남은 시간 내내 그를 필요로 할 테고, 영원히 그의 곁에 있을 것이기 때문이다.

상담 마지막 시간, 그가 이렇게 물었다.

"심리상담사 시험이 많이 어려운가요? 저도 심리학 공

부를 좀 해야 할 것 같아서요."

그는 발달장애가 있는 아이를 키우는 다른 부모들에게 도움을 주고 싶다고 말했다. 이 사회가 그들을 이해하고 받아들여주고, 나아가 배려해주는 일이 꼭 필요하다는 것이었다.

사랑은 포용이지만 그 길은 멀고도 험하다.

포용이란 진정한 이해에서 비롯한다. 그래야 두려운 마음에 오해가 생기지 않는다. 고난을 겪으면 해답을 얻으려 애쓰게 되고, 시련을 겪으면 공부하며 성장하게 된다. 이런 과정을 거쳐 새로운 모습으로 탈피한 사람은 더 강한 역량을 갖게 될 것이다.

노부모와 어린 자녀를
다 책임진 부모

**책임에는 단순한 부담
그 이상의 의미가 있다**

집에 돌아와 구두만 벗고 옷도 갈아입지 않은 채 그대로 드러눕는다.

그녀는 보통 그렇게 소파에 반쯤 드러누워 있다가 피곤을 못 이기고 그대로 잠들곤 한다. 귀걸이도 빼지 않았고 화장도 지우지 못했다. 이때 갑자기 누군가가 그녀를 가볍게 흔들었다. 초등학교 5학년 딸이다. 딸은 숙제를 다하고 이제 엄마에게 학교에서 있었던 일을 이야기하고 싶다.

그는 집에 돌아와 양말만 벗고 넥타이도 풀지 않은 채 그대로 드러눕는다.

소파에 잠깐 드러누워 있으려는데 어머니에게서 전화

가 왔다. 아버지가 병원에 입원하셨단다. 전화 너머로 들려오는 당황하고 불안한 목소리에 그는 정신이 번쩍 들었다. 어머니를 위로하는 동시에 머릿속으로는 휴가를 쓸 수 있을지 궁리했다. 부장님이 허락하실까? 진행 중인 업무 진도가 어떻더라? 타 부서와 같이 진행하는 프로젝트인데 괜찮을까? 휴가를 낸다고 하면 동료가 나 대신 일을 잘 맡아줄까? 체크리스트가 머릿속에서 계속 떠오른다. 이제 병원에 가서 어머니와 교대하여 아버지를 간병해야 한다.

미소우울증을 앓는 사람은 책임감이 무척 강하다

업무나 육아 등에 책임감을 많이 느끼는 사람은 그만큼 스트레스도 크다. 자기 시간을 쪼개서, 또는 쉬는 시간을 희생해서, 일하거나 아이를 돌보기 때문이다. 친구와 차를 한 잔 마시고 느긋하게 거리를 걸으면서 대화 나눌 수 있었던 시간, 속눈썹 연장술을 받거나 손톱 관리를 받을 수 있었던 시간, 친한 친구와 당구를 치거나 등산을 가거나 컴퓨터 게임을 할 수 있었던 시간이 사라지는 것이다. 이제 편안하고 느린 리듬으로 사는 것은 남 일이 되었다.

아이가 세상에 태어나고 부모가 되면 더 이상 자기 생활이라는 것이 없어진다. 조금 더 시간이 흘러 장년기에 접어들면, 이제 부모님이 연세가 많아져서 만성 질병으로 인한 통증을 호소하기 시작한다. 이제는 내 자식뿐 아니라 부모님을 돌보고 도와드려야 할 때가 된 것이다.

어른으로 성장하는 동안 부모님의 교육 방식에 아무리 불만이 많았더라도, 마음속에 부모님의 행동과 말 때문에 생긴 심리적 그림자와 상처가 아직 남아 있더라도, 부모님이 나를 힘들게 키워주신 것은 사실이다. 또한 지금 누군가의 부모가 되어보니, 옛날 부모님이 자신을 키울 때 얼마나 힘들었을지 이해가 되고 그 은혜가 더 크게 다가온다. 그러니 나이 드신 부모님이 나를 필요로 하시는데 거절할 수 없다. 게다가 다른 문제도 아니고 건강 문제다. 당연히 자식 된 도리로 할 수 있는 모든 일을 해드려야 한다.

그런데 일이라는 것이 해도 해도 끝이 없다. 이런 방법 저런 방법 다 써봤지만, 하나를 해결하면 다른 문제가 튀어나온다. 정말 노력했는데 부모님의 병세는 나아지지 않고 점점 나빠지기만 한다.

엎친 데 덮친 격으로 자녀는 학교에서 사고를 치거나 동급생에게 괴롭힘을 당했다고 한다. 부모님 일로 신경을 못 쓴 사이 아이 문제가 커져서 학교 선생님에게서 연락이 온 것이다. 아이는 왜 처음 문제가 생겼을 때 바로 이야기하지 않은 걸까……?

매일 정신없이 바쁘게 사느라 팔이 여섯 개거나 분신술을 쓸 줄 알면 좋겠다는 생각이 들 정도다. 시간도 심리적 에너지도 체력도 전부 타인의 요구를 만족시키는 데 사용한다.

이처럼 바쁘게 돌아가는 일상은 책임감 때문에 벌어졌다. 이 일도 내가, 저 일도 내가, 다른 사람이 아니라 바로 내가 해야 한다는 책임감 때문에 말이다.

책임감에 새로운 의의를 부여하라

책임져야 할 일이 생겼을 때 사람들은 괴로워한다. 왜냐하면 지금까지의 경험으로 미뤄 볼 때, 책임 뒤에는 부담감과 스트레스가 따라오기 때문이다.

스트레스는 바깥에서 오는 요구사항과 지금 나 자신이 가진 힘과 능력 사이에 확실한 차이가 날 때 생긴다. 이 차이 때문에 우리는 불안해지지만, 최대한 가진 힘과 능력을 잘 사용해서 격차를 메우려고 노력한다. 힘과 능력을 최대한 책임져야 할 일과 같은 수준으로, 아니 가능하다면 그 이상으로 끌어올려서 격차에서 오는 스트레스를 해결하고자 한다.

그렇게 노력했는데도 격차가 여전하다면 그 원인은 무엇일까? 어쩌면 역량이 부족하거나 능력을 키우는 데 시간이 너무 오래 걸렸던 것일까? 또는 문제가 쉬지 않고 계속 일어나기 때문일까? 하나를 해결하면 곧 두 번째 문제가 나타나고, 이어서 세 번째 문제가 나타나고…… 그렇다면 어떻게 계속해서 무거워지는 스트레스와 부담을 덜 수 있을까?

많은 사람들이 책임감에 스트레스가 뒤따른다는 것 외에도 그 이면에 어떤 의의가 숨어 있다는 것을 알아채지 못한다. 아이를 키우고 부모를 돌보는 책임 뒤에는 무언가 귀한 심리적 의의가 있다. 우리는 이것을 발견하고 마음 깊이 새겨야 한다.

책임 속에서 배우고
나 자신과 화해하라

생각해보자. 책임은 단지 부담일 뿐일까?

이런 책임은 부모님 그리고 자녀와 좀 더 많은 시간을 보낼 수 있게 도와준다.

가족과 함께 시간을 보내면서 우리는 일상적인 행위와

대화를 통해 마음을 다스리고 자신을 조율할 기회를 얻는다. 이런 계기와 기회는 평소에는 쉽게 잊고 지내지만 사실은 무엇보다 소중한 의미를 갖는다.

이처럼 책임져야 하는 일에서 새로운 의의와 중요성을 찾아내야 한다. 우리는 양육의 부담과 고생스러운 과정을 통해서 많은 것을 배울 수 있다. 아들딸을 키우고 가르치며 서로 기분이 상하고 화를 낼 때도 있지만, 그런 시간을 거치며 우리 자신이 원가족 내에서 성장할 때 겪었던 상처를 발견하고 인식하고 치유할 수도 있다.

예를 들어 당신이 어릴 적에 장난이 심해서 외출을 금지당한 적이 있다고 하자. 당시에는 부모님이 제대로 된 이유도 없이 벌을 주셨다고 오해했을지 모른다. 시험 성적이 나쁘다고 크게 혼이 난 뒤에는 속으로 '나는 절대 우리 아빠, 엄마처럼 성적 가지고 아이 마음에 상처를 남기는 부모는 안 될 거야!'라고 맹세한 적이 있을지 모른다. 또는 중학생 시절 부모님이 이성교제를 금지하거나 당신 몰래 일기장을 훔쳐본 것에 화가 나서 '나는 나중에 아이의 사생활을 존중해야지. 우리 부모님처럼 자식을 자기 소유물로 생각하지 말아야지!' 하고 자신을 다잡았을지 모른다.

당신은 그런 과정을 거쳐서 양육 기준을 세웠고, 부모 세대의 방식을 그대로 답습하지 않고 좀 더 훌륭한 부모가 될 수 있었다. 지금 당신은 부모 자식 관계를 더 깊이 이해하고 있으며 아이의 내면세계를 중요하게 여기고 존중할 수 있다.

이런 것도 우리가 책임을 다하는 과정에서 얻게 된 좋은 결과가 아닐까? 부모와 자식을 책임지면서 자신의 자아도 함께 성장하는 것이다. 책임과 부담 이면에 숨겨진 의의를 찾아내고 자기 자신과 다시 화해하며 지금까지 가지고 있었던 고통과 억울함, 상처 등을 치유하는 계기를 만들어보자. 게다가 이런 과정을 통해서 부모와의 관계에서 얻은 깨달음으로 자식과의 관계를 개선할 수도 있다.

부모와의 관계 역시 마찬가지다. 부모를 돌보는 책임은 분명히 고생스럽고 힘든 일이다. 하지만 이런 과정이 있기 때문에 우리는 부모님이 나이 들어간다는 것을 더 분명히 확인하게 되고, 인간이 영원히 활력이 넘치는 중장년기를 살아가는 게 아님을 깨닫게 된다. 젊고 힘 있던 시절의 부모님의 모습은 우리 마음속에 기억으로 남아 있을 뿐이라는 것도 알게 될 것이다. 전에는 그냥 전화 한 통으로 안부를 묻고 할 도리를 다했지만 부모님의 건강을 살펴야 하는 책임을 져야 할 때가 되면 전과 달리 부모님과 더 많은 대화를 나누고 부모님을 더 깊이 들여다보게 될 것이다.

우리는 책임져야 하는 일들 때문에 불안하고 우울해한

다. 더 나쁘게 진행되면 미소우울증이 되기도 한다.

　하지만 책임 안에 숨겨진 삶의 의의를 찾아낼 수 있다면, 사랑하는 사람과 소중한 사람들에게 더 많은 관심을 쏟고 고마운 마음을 표현할 기회를 얻게 될 것이다.

숨기는 삶에 익숙해진
성적소수자

안전지대를 버리지 마라.
내가 편안한 범위 안에서 생활하라

"동성애자는 죽일 놈의 변태들이지!"

이 사연의 주인공 남자는 별생각 없이 길을 걷다가 동성결혼에 반대하는 사람들이 잔뜩 몰려 있는 것을 보았다. 그는 얼른 고개를 숙이고 걷는 속도를 높였다. 그 자리에서 빨리 벗어나고 싶었다.

어렸을 때부터 그는 학교 성적이나 다른 여러 방면에서 남동생과 큰 차이가 나지 않았고, 부모님 속을 썩이지 않는 아들이었다. 어른들이 숙제하라고 닦달하기 전에 알아서 숙제를 하는 아이였다. 그런데 사춘기가 되면서부터 동생과 다른 점이 생겼다. 키나 신체 외형의 차이는 아니었고, 시험

성적이나 학교생활도 전과 같았다. 다만 달라진 것은 동생이 여학생을 좋아할 때 그는 남학생을 좋아했다는 것뿐이었다. 자신과 같은 성별을 가진 남학생을.

어느 날, 어떻게 된 일인지 몰라도 그 사실을 부모님에게 들켰다. 아버지는 분노를 이기지 못하고 리모컨을 집어던졌다. "난 너 같은 아들 둔 적 없다! 우리 집에서 어떻게 너 같은 놈이 나온단 말이냐!" 어머니는 한쪽에 주저앉아 울음을 터뜨렸다. "내가 뭔가 죄를 지어서 하늘이 벌을 내리셨나 보다. 그렇지 않으면 내 아들이 어떻게 이렇게 된단 말이야! 내가 널 이렇게 가르쳤니? 이제 조상님 얼굴을 어떻게 본담?"

부모님은 아들이 남자를 좋아한다는 것, 앞으로도 여자친구가 아니라 남자친구를 사귀게 될 것이라는 것을 받아들이지 못했다. 동생만 묵묵히 앉아서 입을 떼지 않았다. 동생은 아직 어렸기 때문에 형을 변호하고 싶어도 아무 말도 할 수 없었다.

시간이 흘러 그는 대학에 갔고, 졸업 후에 직장을 다니게 되었다. 회사마다 조직문화가 다르고, 산업 분야마다 전반적인 업무 분위기가 다르다. 어떤 곳은 보수적이고, 어떤 곳은 다름을 존중하며 포용하는 분위기가 강하다. 언젠가부터 그는 자신이 고독하게 살 수밖에 없다고 생각했다. 규모가 큰 기업에 들어간 그는 회사에서 스스로를 자유롭게 풀어둘 공간이 없다고 느꼈다. 예전에 부모님이 보였던 반응이 이상하지 않다는 점은 충분히 이해하고 있었다. 많은 사람이 지금이 전보다 훨씬 개방적인 사회라고 생각하지만 실제로는 그렇지 않다.

처음에는 점심시간에 동료들과 같이 구내식당에서 밥을 먹었다. 하지만 동료들끼리 동성연애에 대해 이야기를 나누다가 한 사람이 이렇게 말한 뒤로는 그런 자리를 피하게 되었다.

"동성애자도 결혼할 권리가 있다는 건 인정해. 내 아이만 동성애자가 아니면 돼."

"동성애를 비난하는 것은 아니야. 다만 동성을 좋아하는 게 그다지 정상적이지는 않다는 거지."

"그런 사람들만 있으면 인류가 멸종하지 않겠어?"

동성애자의 미소우울증

그가 어른이 될 때까지 들어온 말 중에는 이보다 심한 말도 많았다. 이런 말들은 기본적으로 비난과 억압의 의미를 담고 있었으며 동성애자는 받아들일 수 없다는 배척, 혐오, 반감이 들어가 있었다. 말하자면 동성애자는 자신과 다른 이질적 존재라는 생각이었다.

미소우울증을 앓는 사람 중에는 마음이 섬세한 경우가 많다. 그들은 다른 사람에게 부담을 주지 않으려고 한다. 또한 자신의 일상생활과 감정 때문에 다른 사람이 불편해지거나 기분 상하지 않았으면 한다. 그래서 그들은 대개 좋은 사람으로 보인다. 각 방면에서 좋은 평가를 받고, 직장에서 일도 잘하며, 주변 사람들과 원만하게 잘 지낸다. 동성애자 중에는 특히 이런 성격을 가진 사람이 많다. 그들과 대화를 나누다 보면 종종 그들이 이성애자 친구들보다 훨씬 세심하고 타인의 감정에 민감하며 배려심이 강하다는 것을 느끼곤 한다.

그렇지만 오랫동안 이런 태도를 유지하면서 외부세계와 소통하고 동성애에 관한 비뚤어진 관점을 접하게 되면, 그들의 삶은 점점 더 뒤엉키기 십상이며 울분이 생겨도 겉으로 표현하지 못하게 된다.

프랑스의 문호, 빅토르 위고가 이렇게 말했다. "적군의 침략은 막을 수 있지만 사상의 침략은 막을 수 없다." 동성애자들은 계속해서 이와 같은 악의적인 언어로 배척당한다. 매일 뉴스에서 동성결혼 반대자들의 시위를 접한다. 그러다 보면 마치 실제로는 들리지 않는 질책을 매일같이 당하는

2장 아무런 징조도 없이 나타나는 미소우울증

기분이 든다. "다 너희들 때문이다, 다 너희들 때문이야!"

그들은 어렸을 때부터 동성애자라는 비밀을 마음속 깊이 숨기고 살아왔다. 이 비밀을 입 밖에 내는 순간 그냥 조금 부끄러워지는 정도가 아니라 "죽일 놈의 변태"니 "비정상"이니 "병균"이니 하는 반응에 맞닥뜨리기 때문이다. 심지어 동성애자들은 질병과 관련된 연상 때문에 더럽다거나 그들의 사랑이 천벌을 받아야 한다는 반응까지 겪는다.

그렇다면 그들이 무엇을 잘못한 걸까? 그저 한 사람으로서 다른 사람을 좋아하는 것뿐이다. 누군가를 좋아한다는 것은 순수하고 아름다운 일이다. 그들은 단지 이 사회에 받아들여지고 싶고, 가족에게 축복받고 싶을 뿐이다.

등온층 안에서 잘 살면 된다

요즘 대만에서 유행하는 말 중에 '등온층等溫層(지구 대기권 중 성층권 하부에서 주로 형성되는 공기층으로, 등온층에서는 고도가 변해도 기온이 달라지지 않는다. 여기서는 큰 변화를 추구하지 않고 편안한 상태에 안주하는 것을 비유한다 ― 옮긴이)'과 '안전지대'가 있다. 등온층과 안전지대라는 말에는 부정적인 이미지가 있다. 소극적이고 진취적이지 못하며 우물 안 개구리처럼 자기 세계 밖으로 나가지 않으려고 하는 이미지다. 그런데 나는 등온층이라는 말이 유행하는 것을 보면서 새로운 깨달음을 얻었다.

왜 인간이 반드시 안전하고 편안한 영역을 벗어나야만 하나? 왜 기온이 변하지 않는 등온층 안에서 살면 안 되는 것인가?

능력을 키우고 슬럼프에서 벗어나기 위해서라면, 즉 등온층이라는 관점을 "오랫동안 갇혀 있었던 잘못된 생각이나 모순된 사고방식의 틀을 깨고 밖으로 나가야 한다"라고 말하는 데 사용한다면 등온층을 부정적으로 봐도 괜찮다. 그러나 미소우울증을 앓는 사람이나 악의적인 공격에 쉽게 노출되는 동성애자들에게는 등온층이라는 편안하고 안전한 지대에 머무는 것이 전혀 나쁜 일이 아니다. 등온층 안에는 그들을 이해해주는 사람, 아껴주는 사람, 응원해주는 사람이 있으니 말이다.

혼자서 자신을 둘러싼 거대한 사회 환경과 맞서 싸워야 한다는 당위성은 어디에도 없다. 타인을 이해하지 않으려 하고 존중하는 마음을 가지지 못한 사람과 계속 부딪혀야 한다면 우리는 메말라버릴 것이다.

결국 우리는 비판과 질책으로 이루어진 세계에 살고 있다. 악의적 공격이 난무하는 곳에서 우울하거나 괴롭지 않은 사람은 없다. 나중에 여력이 있을 때 등온층이라는 안전 지대를 벗어나서 더 큰 등온층을 만들면 된다.

무리하지 말고
에너지를 아껴라

　중요하지 않은 사람과 중요하지 않은 일은 가능한 한 삭제하자. 내 주변에 남겨둘 필요는 없다.

　나를 둘러싼 큰 환경에 공고하게 뿌리박힌 가치관과 신념은 시간과 구성원들의 공통된 노력이 있어야 바뀔 수 있다. 그러니 지금 우리가 해야 할 일은 자신의 심리 상태에 나쁜 영향을 주고 상처를 들쑤시는 자극을 열심히 선별하고 걸러내는 것이다.

　우리는 모두 자신과 타인 사이에 경계를 설정해야 한다는 것을 잘 알고 있다. 시중에 이와 관련한 책도 잔뜩 나와서 인간관계에서 서로 선을 지키는 일이 얼마나 중요한지 강조한다. 하지만 어떻게 사람들과 전혀 접촉하지 않으며 살 수 있을까? 그렇게 하기는 쉽지 않다. 자신의 에너지를 소모시키고, 심리적 여유와 체력, 정신력을 빼앗아 가는 사람들과 철저하게 분리될 수 없다면 적어도 시간을 설정해야 한다.

우선 내가 타인의 이야기를 듣고 그들의 하소연에 귀를 기울이는 데 시간을 얼마나 쓸 수 있는지 찬찬히 생각해보자. 간단히 말해서 그들이 나를 귀찮게 할 때, 나를 불편하게 할 때 자극을 견딜 수 있는 적정 시간을 미리 정해놓고 그 시간 동안만 그들과 접촉하는 것이다.

물론 더 좋은 방법은 자기 상태를 잘 알고 있다가 필요한 순간에 용감하게 입장을 표현하는 것이다. "지금은 제가 피곤해서요. 하시는 말씀에 관심은 있지만 지금은 쉬어야 할 것 같습니다. 며칠 뒤에 다시 이야기하시죠." "좀 더 건설적인 해결 방법을 찾을 준비가 되셨을 때 다시 약속을 잡으면 어떨까요. 그게 싫으시다면 다른 사람을 찾아주세요."

우울증을 막으려면 자신의 상태를 충분히 살펴볼 줄 알아야 한다. 내가 타인과 외부 자극에 소모되고 있지는 않은지, 그 소모가 적정량을 초과하지는 않았는지 주의 깊게 살피자. 과도하게 소모되지 않아야 나 자신을 돌볼 에너지를 회복할 수 있다. 끝없이 에너지를 빨아먹는 흡혈귀에게는 가차 없이 십자가와 마늘로 방어해야 한다. 나를 소모시키는 사람을 대할 때야말로 진정한 용기가 필요하다.

당신이 타인의 기대에 순응하면
그 사람은 앞으로 더 많은 기대를 할 것이다.
인생에서 주변 사람은 관중일 뿐이며
당신이야말로 진정한 주인공이다.
그럼에도 사람들은 당신에게
성격, 학벌, 직업, 외모, 인간관계에 관해
계속 기대하고 요구할 것이다.

그들이 기대하는 수준은 합리적이어야
한다는 것을 잊지 말자.
너무 과한 기대는 거부해야 한다.
타인의 기대에 얽매이거나 휘둘리지 말자.

아파도 아프지 못하는
자영업자, 창업자

**뿔효과를 이해하면
미소우울증을 이길 수 있다**

창업이라는 길을 간다면 당신도 사장이다. 사장이 되면 고객의 요구와 직원의 필요를 만족시켜야 한다. 당신은 사장이 된 뒤로 그런 생각이 마음속에서 밤이나 낮이나 1분 1초도 떠나지 않는다.

고객은 어떤 요구를 할까? 상품이 좋아야 하고 가격이 너무 높으면 안 된다. 애프터서비스도 중요하다. 문의사항에는 즉시 답해야 한다. 고객이 상품에 만족하지 못하면 환불을 도와야 할 때도 있다. 좋은 고객을 만나면 다행이지만 진상 고객을 만나면 온 힘을 다해서 울분을 삼켜내야 한다. 크든 작든 자기 사업을 한다는 것은 쉬운 일이 아니다. 그만큼 경쟁이 심하고 사업 환경이 험난하다. 창업자가 되면 자기 한 사람 몫의 급여뿐 아니라 회사 전체 모든 직원의 임금을 책임져야 한다. 그러니 사장인 당신은 고객의 요구에 무조건 맞춰줄 수밖에 없고, 매일 눈코 뜰 새 없이 바쁘게 지내야 한다.

직원은 어떤 요구를 할까? 기본적인 휴가 등 복지는 당연하고, 워크숍은 외국으로 가야 좋은데 이왕이면 아시아권을 벗어나면 좋다. 좋은 직원은 원한다고 해서 얻어지지 않으니 운 좋게 내 회사에 들어왔다면 어떻게든 잘 붙잡아야 한다. 그럼 나쁜 직원은 어떨까? 가장 바쁠 때 전화 한 통으로 당일 휴가를 내면 사장인 당신이 어떻게든 방법을 찾아내서 빈자리를 메워야 한다. 게다가 그 직원을 불러서 면담이라도 하면 그 직원이 인터넷에다 글을 올려서 악덕기업, 두 얼굴의 사장 같은 이야기를 떠들어 댈 수도 있으니 신중해야 한다.

한 번 나쁜 글이 퍼지면 사장인 당신은 어떻게 해도 해명할 길이 없다. 이런 일로 기자회견을 열 수도 없는 노릇이다. 대중들은 이미 당신과 회사에 대해 입방아를 찧고 있을 테니 괜히 일을 키우면 회사 이미지만 더 나빠진다.

창업자의 미소우울증

사회 경제 구조가 변화하면서 점점 더 많은 사람들이 더는 가업을 잇지 않게 되었다. 수많은 산업이 사양길로 접어들거나 완전히 사라지기도 했다.

내가 어렸을 때는 매일 저녁 무렵에 간식거리를 파는 차가 집 앞을 지나가면서 확성기로 손님을 모으곤 했다. 휴지 등 생필품을 파는 트럭도 있었다. 지금은 그런 트럭을 보기가 어렵다.

그뿐 아니라 이전에는 '철밥통'으로 불렸던 군인, 공무원, 교사의 복지가 크게 줄어들었고, 여러 학교를 이곳저곳 전전하는 방랑교사도 생겼다. 거기다 물가는 계속 오르는데 임금은 조금도 오르지 않아 회사에서 월급을 받고사는 사람들은 절로 한숨이 나온다……. 비슷한 사례는 수없이 많다. 이런 상황에서 위기의식을 느낀 사람들이 다들 창업에 뛰어들었다.

우리는 똑똑한 사람을 꼽을 때 자기 회사를 시작한 창업자들, 즉 사장들을 빼먹지 않고 언급한다. 그들은 능력 있어 보인다. 다른 사람 눈에는 그들 인생이 드라마에서나 나올 듯 멋져 보인다. 하지만 창업을 해본 사람은 다 알 것이다. 온갖 풍파를 다 겪고 남은 것은 너덜너덜해진 마음뿐이라는 것을 말이다.

후광효과와 뿔효과

　지금은 키보드로 사람을 죽일 수 있는 시대다. 부정적인 평가 한 줄이 기업 이미지를 완전히 바꿔놓기도 한다. 이런 세상인데 사장들이 우울하지 않을 수 있을까? 사장의 행동거지 하나하나가 전부 회사 이미지와 직결된다. 그러니 매일 미소 지으며 진취적으로 전진하는 모습을 보여야 하는 것이다.

　부정적인 평가 한 줄에 따라오는 영향력이 왜 이렇게 클까? 이와 관련한 심리학 용어가 두 가지다. 좀 더 대중에게 잘 알려진 용어는 후광효과Halo effect(눈에 띄는 특성 하나가 그 대상의 다른 특성을 평가하는 데 영향을 미치는 것―옮긴이)겠지만, 여기서 깊이 분석해볼 용어는 뿔효과Horns effect(하나의 단점으로 그 대상의 모든 것을 부정적으로 평가하는 것―옮긴이)이다.

　우리는 타인을 인식할 때 우선 첫인상을 근거로 삼고, 이어서 그 첫인상을 지속적으로 확장하는 방식으로 타인을 추론해나간다. 간단히 말해서 세부 특성을 바탕으로 전체적인 평가를 개괄하는 것이다.

그렇다면 회사에 막 들어온 신입사원을 예시로 들어서 후광효과와 뿔효과에 대해 이야기해보자.

후광효과는 이런 것이다. 그 직원이 아이비리그 명문대를 졸업했다는 말을 사장이 들었다고 하자. 그러면 사장은 그 직원이 똑똑하고 진취적이며 책임감도 강한 우수한 인재라고 추론할 것이다. 학벌에 대한 좋은 평가가 전체적인 인상으로 확장된 것이다.

뿔효과는 그 반대다. 직원이 출근 첫날 지각을 했다고 하자. 사장은 분명히 그 직원과 만난 적도 없고 같이 일한 적도 없는데 그 직원이 책임감이 없고 성실하지 못하다고 추론할 것이다.

다시 말해서 처음에 좋은 인상을 남기면 다른 사람의 머릿속에 좋은 사람으로 남지만 처음에 나쁜 인상을 남기면 연상과 파생 등의 작용으로 부정적인 평가를 받게 되고 믿을 수 없는 사람으로 낙인찍힌다.

선입견을 없애라,
일부를 보고 전체를 평가하지 마라

타인에 대한 우리의 인식과 인상은 이렇게 형성된다. 고정관념이 어떻게 작용하는지는 말할 것도 없다. 한번 인상이 형성되면 그 이후로는 쉽게 바뀌지 않는다. 이것이 우리가 미소우울증을 쉽게 알아차리지 못하는 원인이기도 하다. 한 사람이 명랑하고 낙관적이며 긍정적이다, 유머러스하다는 이미지로 각인되면, 그 사람에 대한 평가는 우울, 비관, 불안 등의 어두운 특징으로는 잘 바뀌지 않는다. 우리는 저도 모르게 마치 한 사람에게 긍정적인 인상과 부정적인 인상이 공존할 수 없는 것처럼 생각하는 것이다.

그러니 우울증 환자가 자살을 하면 사람들은 "믿을 수 없다", "어떻게 이런 일이", "말도 안 된다" 같은 반응을 보인다.

해와 달이 하나의 우주에 존재하고 있다는 사실을 기억하자. 낙관적인 성격과 비관적인 성격, 긍정적인 면과 부정적인 면, 진취적인 부분과 소극적인 부분은 한 사람에게서 동시에 나타날 수 있다.

나를 잘 알아야 사업과
인생 양쪽에서 성공할 수 있다

"무지한 사람은 학문의 깊이가 없는 사람이 아니라 자기 자신을 모르는 사람이다." 인도 철학자 크리슈나무르티가 한 말이다. 정말 큰 깨달음을 주는 명언이다.

심리학에서 끊임없이 강조하는 것, 심지어 가장 중요하다고 말하는 일이 바로 나를 이해하는 것이다. 우리는 평생 동안 계속해서 자기 자신을 똑바로 마주하고 탐구하고 인지하기 위해 노력한다. 나 자신을 이해하는 것은 성별, 나이, 민족의 구분을 떠나서, 그리고 사회적 지위가 높은지 낮은지에 상관없이 누구에게나 중요하다. 사실 사회적 지위가 높은 사람일수록 자신의 똑똑함에 걸려 넘어지지 않으려면, 또 모든 노력을 다 쏟아놓고도 마지막 순간에 헛된 결과를 만들지 않으려면 자기 자신을 잘 알아야 한다.

창업을 하고 회사를 꾸려갈 수 있는 사람이라면 미래를 생각하고 멋진 삶을 준비할 능력도 있을 것이다. 그러니 자기 능력을 단지 창업과 회사 운영에만 쓰지 말고 인생의 문제를 해결하는 데 집중해서 더 좋은 삶을 사는 데 노력하면 어떨까? 사업은 성공했는데 인생은 실패한다면 너무 억울한 일이다.

창업자들은 용감하게 안전지대에서 뛰쳐나온 사람이며 9시에서 6시로 정해진 근무시간의 쳇바퀴를 벗어나려 한 사람이다. 그리고 처음부터 시작해서 기초부터 쌓아가며 커리어를 설계하고 이뤄가려는 사람이다. 그런 사람이 제대로 마주하지 못할 문제가 무엇일까?

창업자들은 산업 흐름을 읽고 시장 추세를 이해한다. 그러니 자기 자신을 이해하는 것은 전혀 어렵지 않을 것이다. 그들이 자기 자신을 알지 못하는 것은 알아볼 능력이 없어서가 아니라 그럴 의지가 없어서다. **능력은 시간을 들여서 키우고 훈련하면 된다. 그렇다면 의지는 딱 한 가지, 깨달음만 있으면 생긴다.**

뽈효과 때문에 창업자들은 끝없이 핵심성과지표를 분석하고, 기업 이미지 때문에 밤잠을 설치며 끝이 보이지 않는 걱정과 근심을 이어간다. 오로지 자기 자신을 제대로 이해해야만 나 자신이 왜 한 발짝씩 우울증으로 빠지고 있는지 그 이유를 알 수 있으며 우울증을 빠르게 발견할 수 있다. 자기 자신을 이해하는 것부터 시작해서 사업도 인생도 모두 승리하자.

빈 둥지 증후군을 겪는
중년

자식들이 다 크자
삶의 목표가 사라지다

그 남자는 직장에서 오랫동안 노력하여 직업적, 사회적
으로 안정적인 지위에 올랐다. 그 여자는 가정을 돌보는 데
평생을 쏟았으며 자녀를 훌륭하게 키워냈다.

두 사람은 적절한 시기에 삶의 오래된 임무를 성공적으
로 끝냈지만, 그 다음 목표를 무엇으로 잡아야 할지 방향감
각을 잃고 말았다. 마음속에 커다란 구멍이 뚫린 것 같았다.

그는 허망했다. 그러나 뭐라고 표현할 길이 없었다. 그
녀는 우울했다. 그러나 입 밖에 내어 말할 수는 없었다.

주변에서는 이렇게 생각할 것이다. 주가가 연일 높아지
는 상장기업의 대표가 어떻게 우울할 수 있지? 여전히 아름

다운 여자가 사랑꾼 남편과 잘 자란 자식이 둘이나 있는데
괴로울 일이 뭐가 있지?

우울을 어떻게
정의해야 할까?

우울증 증세라고 하면 사람들은 대부분 겉보기
에 명확하게 드러나는 정서적 하락과 계속 눈물을 흘리는 것
등을 떠올린다. 또한 어떤 활동에도 흥미를 느끼지 못하고
즐겁지 않는 것, 활동량이 감소해 하루 종일 집에만 있는 것,
체중이 계속 줄어드는 것 등도 포함된다. 수면의 질이 떨어
져서 불면을 겪거나 반대로 너무 많이 자는 것, 계속 침대에
누워 있으면서 반복적으로 죽음을 생각을 하는 증상도 있다.
확실히 《정신장애진단 및 통계편람》에서는 우울증의
진단 기준과 증상을 묘사할 때 우리가 생각하는 것과 같이
명확한 비관적 사고, 슬픔, 고통, 사회적 기능의 상실 등을
제시한다. 대부분의 사람들이 우울증에 대해 가지고 있는
인식과 비슷하다. 그러나 미소우울증이 드러나는 방식은 지
금까지 우리가 알던 것과 다르다.
미소우울증을 앓는 사람들은 겉으로 볼 때는 아무 문

제가 없다. 명확하고 구체적이며 객관적인 스트레스가 없고 사람들과 유쾌하게 교류하며 웃음을 준다. 사회적 교류 능력이 뛰어나며 가족, 친구와 잘 융화된다. 직장에서는 대개 뛰어난 업무능력을 보여주며 CEO로서 경영전략에도 뛰어나다.

그런데 이런 사람이 왜 우울할까?

우리는 습관적으로 원인을 찾고 말이 되는 해석을 찾으려 한다. 따라서 원인이 없는 것 같으면 우울도 성립되지 않는다고 생각한다. 문제는 모든 사람은 독립적인 개체이고 서로 마음에 걸리는 문제도 다르다는 것이다. 같은 부분에 관심을 쏟아도 동일한 정서 반응을 보이는 것은 아니다. 앞의 이야기에 등장한 남자에게는 우울할 일이라도 여자에게는 그렇지 않을 수 있다. 나에게는 고통스러운 좌절도 당신에게는 별것 아닌 가벼운 일일지도 모른다.

사람마다 우울을 드러내는 모습이 다르다. 비슷하거나 겹치는 부분이 있을지라도 쉽게 하나로 묶을 수 없다. 인간 본성은 복잡한 문제를 과도하게 단순화한다. 그래야 인지 체계에 과부하가 걸리지 않기 때문이다. 그러나 단순화를 하면 모든 사람의 마음속에 각양각색으로 펼쳐진 자기만의 작은 우주가 있다는 것을 알아차리지 못하게 된다.

다른 사람의 마음속 세계를 눈으로 볼 수 있다면 어렵

지 않겠지만 그럴 수 없기 때문에 문제를 해결하기가 어렵다. 깊이 있게 분석하지 않으면 우리는 상대방을 이해할 수 없다. 더욱 중요한 사실은 자기 자신조차 이해하지 못한다는 점이다.

우울증은 삶의 의의를 상실하는 것이다

미국에서 열 손가락에 꼽히는 자기계발 강연가이자 컨설턴트인 윌리엄 브리지스William Bridges는 저서《내 삶에 변화가 찾아올 때Transitions》에서 "인생은 성공으로 가는 직선도로가 아니라 나선형으로 상승하는 길이다"라고 말했다. 이 말은 인생의 단계가 바뀔 때마다 지금 단계와 다음 단계가 맞물리면서 방황, 상실, 불안, 공허함 등을 저절로 겪게 된다는 의미다. 이때 불안한 감정은 정상이며, 지금 당신을 가로막고 있는 문제는 누구나 다 겪는 일이다.

우리는 항상 사람, 사건, 환경의 변화 같은 외부 문제를 처리한다. 그러다 보면 가장 중요한 자기 마음속 변환에는 소홀해지기 십상이다. 그래서 중년의 위기, 황혼 이혼, 빈 둥지 증후군 등의 문제들이 나타난다. 이런 문제들은 삶의 전환기가 찾아왔다고 알려주는 신호다.

서로 다른 인생의 단계마다 새로운 삶의 임무가 있을 것이다. 새로운 임무에는 그에 걸맞은 의의가 있다. 자아인식을 확장하고 삶의 새로운 임무를 완수하며 의의를 찾아내야 한다. 그럴 때 삶에 충실하다고 느낄 수 있을 것이다.

자아인식의 확장

인생의 단계마다 여러 가지 역할이 있다. 결혼하고 가정을 꾸리면 남편이자 아버지이며 사위라는 다양한 역할을 갖게 된다. 여성이라면 아내이자 어머니이며 며느리로서 역할을 해야 한다. 물론 각자의 원가족에서는 아들 또는 딸, 형제자매로서 맡은 바 일을 해내야 한다.

자녀가 성장하여 집을 떠나면, 부모는 빈 둥지 시기로 접어든다. 그러면 자녀에게 쏟았던 시간과 노력이 줄어들어 부모로서의 역할이 상대적으로 약해진다. 그때가 되면 자신이 또 어떤 다양한 역할을 수행할 수 있을지, 어떻게 능력을 발휘하게 될지 배우게 된다.

예전에는 시간이 없어서 형제자매가 한자리에 모이기가 쉽지 않았는데 이제는 시간이 생겼다. 늘 옛 친구들과 함께 놀았던 장소를 다시 둘러보며 어릴 적 추억의 장소가 철거되지는 않았는지 살펴보고 싶었는데 지금은 그럴 수 있게 되었다. 젊었을 때 배우자와 데이트를 했던 멋진 레스토랑에 다시 가서 옛 추억을 되살려 볼 수도 있다. 자녀나 가족을 위해서가 아니라 나 자신을 위해서, 나 자신이 하고 싶은 일을 바로 지금, 바로 여기에서 하면 된다.

어떤 단계에서든 방향을 틀어 새롭게 시작할 수 있다

지금까지 우리는 학업, 일, 연애, 결혼 등 인생의 모든 여정이 한길로 끝까지 통하는 인생을 살아야 한다고 배웠다. 대학 때 전공과 대학원 전공은 일치해야 좋다, 평생 한 사람만 사랑하고, 한 사람과 결혼하고 가정을 꾸려야 하며, 평생 한 직장에서 일하는 것이 제일 좋다……. 어떤 변화도 없이 안정적으로 은퇴할 때까지 지내는 것이 최고라는 관점에 익숙해져 있다.

이처럼 단순화된 직선적 사고방식은 지금 이 시대의 사회 현상이나 변화상에 맞지 않는다.

인류의 수명은 눈에 띄게 길어졌고 많은 사람이 과거

자신의 조부모 세대에서는 경험하지 못한 인생 단계를 겪는다. 그래서 단계와 단계 사이의 전환기에 공허, 상실, 우울 등의 감정을 느낀다.

하지만 우리는 전환 역시 일종의 전진임을 기억해야 한다. 우리는 전환점을 돌아가는 능력을 가지고 있으니 전환기를 두려워할 필요가 없다. 커브를 돌면서 벽에 부딪힐까 봐 걱정할 필요도 없다. 모든 전환기는 곧 새로운 시작이기 때문이다.

가까운 가족을
잃은 유족

**인생의 크나큰 고통,
어떻게 대응해야 할까?**

　예전에 자식과 손자를 여럿 둔, 여전히 우아한 아름다움을 뽐내는 할머니가 심리상담실을 찾은 적이 있다. 할머니는 거의 아흔이 다 된 연세였는데 남편과 금슬이 좋았고 두 사람은 수십 년이라는 세월을 함께 보냈다고 했다. 의사였던 남편은 할머니를 몹시 아끼고 보호해줬다. 할머니는 결혼하고 소위 손에 물 한 방울 묻히지 않았다. 두 아들은 장성하여 결혼을 했고 할머니는 며느리들의 존경과 손자손녀들의 사랑을 받았다.

　경제적으로 여유 있고 행복했다. 많은 사람이 할머니의 인생과 자신의 인생을 바꾸고 싶어 할 것 같았다. 심리상담실에 있으면 많은 사람의 사연을 듣게 된다. 많은 만남과 이별, 슬픔, 증오, 사랑 이야기를 듣는다. 대부분의 이야기는 할머니의 이야기와 반대다. 그런데 할머니가 말한 남편은 이미 세상을 떠난 사람이었다. 할머니는 얼마 전에 배우자를 여의고 매일 밤 눈물을 흘리며 잠든다고 했다.

할머니의 인생에 갑자기 심각한 변화가 찾아온 것이었다. 나는 그 이야기를 들으며 인생이 무상하다는 생각을 했다. 영원한 것은 없다. 모든 것이 덧없다는 감정은 대비할 틈도 없이 훅 들이닥친다.

평생 함께 살아온 배우자가 세상을 떠났다. 할머니의 입장에서 남편은 경제적 버팀대였을 뿐 아니라 마음의 버팀대이기도 했다. 자기 말을 가장 잘 들어주는 사람, 무슨 일이 있어도 자기편이 되어주는 사람, 할머니의 모든 고충과 즐거움까지 다 알고 있는 사람은 남편뿐이었다. 그러나 남편이 세상이 떠나면서 이 모든 것이 달라졌다. 할머니의 삶이 갑자기 흔들렸다. 삶의 궤도가 돌연 방향을 틀어버렸다. 할머니는 다시 남편을 만나지 못할 것이고, 남편과 대화를 나눌 수도 없을 것이다…….

갑자기 들이닥친
미소우울증

　많은 사람들이 젊어서 부부가 되어 배우자와 함께 늙어간다. 지금 할머니는 배우자가 먼저 떠나고 홀로 남았다. 할머니는 앞으로 혼자 살아야 할 삶에 어떻게 익숙해져야 할까? 어떻게 견딜 수 있을까? 게다가 할머니 부부는 특별히 사이가 좋았다. 원앙 같은 부부라는 것도 전래동화에만 나오는 게 아니었다.

　솔직히 이런 이야기를 심리상담실에서는 거의 듣기 힘들다. 대부분 외도, 도박, 빚, 알코올 중독, 가정폭력 등의 이야기가 많다. 자기 배우자가 하루라도 빨리 하늘나라로 가버렸으면 좋겠다는 원망이 쏟아져 나오기 마련이다. 이처럼 따뜻하고 아름답게 늙어가는 사랑 이야기는 정말 드물다.

　할머니의 사례처럼 삶에서 갑작스러운 큰 변화는 미소우울증을 일으키는 여러 원인 중 하나가 된다. 배우자나 가까운 가족의 죽음, 배우자의 외도, 이혼 또는 갑자기 생긴 큰 빚 등이 이에 해당한다. 어떤 일은 인생에서 필연적으로 겪게 되는 일도 있고, 또 어떤 일은 밖으로 공개하기 어려운 돌발 상황도 있다.

　인간은 강하기도 하고 약하기도 하다. 그래서 큰 변화

를 겪은 뒤 평소에는 잘 지내는 것처럼 보여도 거대한 상실이나 좌절을 완전히 받아들였다고 보기는 어렵다. 이런 일은 미리 경험해본다거나 연습해볼 수 있는 일이 아니기 때문이다.

미소우울증에 걸린 사람들도
여전히 일상생활을 영위한다

우리가 우울증에 대해 알고 있는 것은 대부분 생리적 요인이나 원가족 경험, 오랜 시간 축적된 스트레스 등에 의해 생긴다는 것이다. 이때 스트레스의 원인으로는 직장생활, 경제적 문제, 애정관계, 그 밖의 인간관계 등 다양하다. 현재 상황을 바꾸기 어려워서 장기간 억압된 상태에 정체되어 있거나 고통에 빠져 있으면 사람은 우울해질 수밖에 없다. 오랫동안 우울한 기분에 잠겨서 줄곧 눈물을 흘리거나 무기력해진다. 이처럼 우울증 환자의 정서 문제와 스트레스 요인은 다들 잘 알고 있을 것이다.

그런데 미소우울증과 중증 우울증은 다른 점이 많다. 그중 하나가 미소우울증에는 피로, 식욕 부진, 수면 형태의 변화, 무력감, 자존감 저하, 자아가치감 저하 등 중증 우울증 환자의 전형적인 증상이 없다는 사실이다. 또한 평소에 관심 있던 일에도 여전히 열의를 가지고 참여한다.

미소우울증을 앓는 사람은 겉으로 보기에는 능동적이고 명랑하며 낙관적이다. 안정적으로 일하고, 건강한 가정을 꾸리며, 사교활동도 활발하게 한다. 그들은 하루 대부분 즐거워 보인다.

전형적인 우울증 증상에는 기운이 없고 심지어 밤을 샌 것도 아닌데 에너지가 떨어져서 아침에 잘 일어나지 못하는 등의 모습도 나타난다. 무슨 일을 해도 의욕이 없다. 그런데 미소우울증일 경우에는 겉보기에 기력이 넘치고 활력이 가득하다. 신체적, 정신적 에너지가 크게 달라지거나 갑자기 저하된 것 같은 모습이 전혀 없다. 그러나 바로 이런 점 때문에 미소우울증 환자가 자살할 위험이 더 높다.

중증 우울증 환자는 자주 자살 충동을 느끼며 삶을 끝내고 싶다고 생각하지만 그것을 실행에 옮길 에너지가 부족하다. 그러나 미소우울증 환자에게는 에너지가 부족하다는 문제가 없다. 그들은 자살할 방법을 생각할 정신적 에너지가 있고, 동시에 그 생각을 실제 행동으로 옮길 동기가 있다.

누구나 중요한 동반자가
될 수 있다

할머니는 아들 앞에서 울고 싶지 않았다. 그래서 혼자 있을 때 조용히 눈물을 흘리곤 했다. 추억으로 가득한 공간에서 살았기 때문에 시도 때도 없이 슬픔이 불쑥 치솟았지만, 겉으로는 잘 지내는 모습만 보여주었다. 나중에 할머니의 여동생이 이상한 점을 발견해서 몰래 타지에 살고 있는 아들을 불렀다. 아들은 한동안 할머니를 모시고 외국 여행을 다녔다. 할머니가 유럽에서 2주간 있었을 때 손녀들은 너무 오랫동안 할머니를 만나지 못했다며 보고 싶다고 떼를 쓰기도 했다.

할머니는 참지 못하고 눈물을 흘릴까 봐 애써 아들, 며느리, 손주와 만나는 횟수를 줄여왔다고 말했다. 할머니는 다른 사람 앞에서 눈물 흘리는 모습을 보여주고 싶지 않았다. 울면 아들과 며느리, 손자손녀가 걱정할 것이 마음에 걸렸다. 그래서 고집스럽게 원래 살던 집에서 혼자 살았다. 가깝게 지내는 이웃도 있었고 그곳이 할머니에게 가장 익숙한 환경이기도 했다. 해외여행으로 기분을 좀 풀고 나서 할머니는 아들과 많은 이야기를 나눴다. 물론 여전히 슬프고 고통스러웠지만, 천천히 매달 며칠만이라도 자기 집에서 같이 지내자는 아들의 제안을 받아들이게 되었다. 나는 할머니가 아들에게 폐가 될 거라는 걱정은 하지 않아도 될 것 같았다. 어쨌든 두 사람은 가족이지 않은가.

아들딸 외에도 형제자매 역시 우리가 인생을 함께 나누는 중요한 동반자다. 만약 근처에 살던 할머니의 여동생이 할머니의 이상한 점을 발견하지 않았더라면 그래서 며칠 연속으로 언니 집을 방문해서 관찰하고 같이 시간을 보내지 않았더라면, 또는 아들에게 연락하는 것을 망설였다면 할머니는 심리치료를 받을 수 있는 기회를 놓쳤을지도 모른다. 이런 평범하고 사소한 시간이 미소우울증 환자의 마음에서 가장 연약한 부분이다.

동반자에 관한 지혜

우리는 쉽게 동반자의 중요성을 잊곤 한다. 또한 동반자의 효용을 낮게 평가하는 경향이 있다. 우리는 문제가 생기면 당장 상황을 바꾸거나 문제를 해결할 방법을 찾는다. 하지만 동반자와 삶을 함께하는 효과는 빠르게 나타나기 어렵다. 스며들듯 점진적으로 드러날 뿐이다.

심리치료 역시 함께 곁에 있어주는 과정이다. 수준 높

은 심리치료는 내담자에게 많은 사람들이 당신과 비슷한 고민을 안고 있고, 당신은 혼자가 아니며 비정상적인 상황에 처하지 않았다는 것을 알려준다. 그렇게 내담자가 삶의 중심을 다시 찾게 되면 천천히 마음의 기력을 회복하고 자신을 치유할 수 있다.

착한 아이로
살아야 하는 자녀

능력 있는 자녀가
고생하는 현실

"제대로 머리를 감은 게 몇 년 전인지 모르겠어요."

이번에 등장하는 여성은 은퇴한 중학교 선생님이다. 그녀가 우울하게 이 이야기를 하기 3초 전, 그녀의 아버지가 고래고래 고함을 질렀다.

"널 지금까지 키워줬는데! 이 불효막심한 것! 나를 학대할 줄 밖에 모르지!"

아버지는 치매에 걸린 뒤 뭐든지 금방 잊어버리게 되었다. 어머니도 신장투석 때문에 계속해서 병원을 오가야 하는 처지였다. 여자는 신경내과, 심장외과, 신진대사과 등 병원의 여러 분과를 돌아다녀야 했다. 탁자에는 약 봉지가 가득했고, 봉지마다 꽉 짓눌려서 주름이 쪼글쪼글했다.

아침에 이 약을 몇 알 먹고, 저녁에는 다른 약을 또 몇 알 먹고, 어떤 날에는 병원에 가서 진료를 보고 다른 날에는 다시 검사를 받고, 병원에 가기 전에는 계단을 오르기 힘든 노인을 이송해주는 사다리가 설비된 통원용 차량을 미리 예약해야 했다. 주의사항이 너무도 많았다. 그녀는 온 힘을 다해서 주의사항을 머릿속에 집어넣으려 애썼다. 수첩에 기록하기도 했고 스마트폰 일정 관리 앱을 활용하기도 했다.

그녀는 자기 자신을 오래 전에 잃어버렸다. 더 솔직히 말하자면 부모님을 돌보는 일에 삶을 순장시킨 셈이었다.

자녀들의 미소우울증

그녀는 수도 중심지에 살 정도로 경제적 여건이 넉넉한 편이었다. 물질적으로 힘들다고는 불평할 수 없었다. 많은 가정에서 장기적인 간병 문제로 힘들어하는 것을 생각하면 적어도 그녀의 상황은 상대적으로 나았다. 다만 마음이 괴로웠다. 끝이 보이지 않는 장기 간병에 너무 지쳐 있었다. 언젠가 부모님이 돌아가시면 좀 편해지겠다는 기대는 해보지 않았다. 부모님이 그녀를 힘들게 키워주셨기 때문이었다. 조금이라도 치유될 희망이 있다면, 지푸라기 같은 가능성일지라도 마지막의 마지막까지 최선을 다하고 싶었다.

그러나 생각을 거듭할수록 사실 그녀 자신 역시 그런 감정이 낯설었다. 거의 모든 시간을 부모님에게 쏟느라 일상생활, 가정과 배우자는 물론이고 심지어 생각이나 내면 깊숙이 자리 잡은 감정까지 무엇도 중요하지 않게 되어버렸다. 적어도 절대 1순위로 중요하지는 않았다. 왜냐하면 급한 일이 아니기 때문이었다! 반면에 부모님의 건강과 관련된 사항은 목숨과 직결되는 문제였고 조금만 실수하거나 소홀해도 큰일이었다. 운동? 그럴 시간이 없다. 식사? 배고프지만 않으면 된다. 수면? 푹 자본 게 언제인지 기억도 안 난다.

나는 그녀와 상담을 계속했다.

그녀가 말을 이었다. "너무 오래되었어요." 그녀는 언젠가부터 오롯이 자신에게 속한 시간과 나날을 보낸 기억이 거의 없다고 했다. 결혼한 지 여러 해가 되었지만 아이가 없었기 때문에 자녀의 숙제를 봐줄 필요도 없었고 아이 때문에 골머리를 앓은 일도 없었다. 다만 최근 6년간 부모님을 돌보느라 결혼으로 꾸린 가정을 떠나 부모님 댁에 와 있었다. 그래서 한참 만에 한 번씩 남편 얼굴을 봤다. 어쩔 수 없는 일이었다. 그녀는 장녀이기 때문이었다. 그녀 밑으로 남동생 둘이 있었지만, 집안의 큰누나가 이런 일을 책임지는 것이 당연했다.

나는 그녀에게 물었다.

"충분히 쉬고 계십니까? 동생들과 간병을 분담할 수는 없나요?"

그녀의 모습을 보니 발이 퉁퉁 붓고 눈 아래로 다크서클이 진하게 내려와 초췌했다. 마음속 깊은 곳에 웅크린 불안과 우울도 느낄 수 있었다. 그런 감정이 언제든지 폭발할 것 같았다.

그녀는 고개를 저었다. 동생들은 이미 결혼해 둘 다 아이가 있다고 했다. 게다가 둘째는 남부 지방에 살고, 셋째는 외국에 살았다. 그에 더해 부모님은 옛날부터 동생들을 귀찮게 하지 말라고 늘 말씀하시곤 했다. 동생들은 다 각자의 가정, 일, 생활이 있으니까 말이다.

그렇다면 그녀는? 그녀도 가정이 있고 일과 생활이 있지 않은가! 차이점이라면 자식이 없다는 것뿐이었다. 그녀는 어릴 때부터 집안을 책임졌고 그래서 익숙해졌다고 대답했다.

그녀가 제일 힘든 것은 아버지가 치매에 걸린 뒤 사리 분별을 못하고 아무렇게나 사람을 욕하거나 때리려고 한다는 사실이었다. 그녀뿐 아니라 고용한 간병인을 때리려고 한 적도 있었다.

아버지는 이렇게 말하곤 했다.

"나에게 밥을 안 주고 굶겼어."

"약을 발라주지 않았어."

"상처가 곪았는데도 병원에 데려가지 않았어."

아버지를 돌보는 간병인들은 다 그만두고 싶어 했다. 아버지와 거의 대화가 통하지 않았기 때문이었다. 그리고 같은 이유로 그녀 역시 자리를 비웠을 때 간병인이 부모님을 잘 돌봐드리지 않을까 봐 걱정이 되었다. 결국 그녀가 한순간도 쉴 틈 없이 부모 곁을 지켜야 했다.

딸이란 태어날 때부터 원죄를 가지고 세상에 나오는 존재일까? 아니면 딸이라는 입장이 무슨 족쇄라도 되는 것일까?

우리는 주변에서 끝없이 희생하고 헌신하는 딸을 쉽게 볼 수 있다. 결혼하지 않은 딸이라면 대부분의 경우 혼자서 나이 든 부모를 돌보는 책임을 진다. 만약 딸이 형제 중 맏이라면 부모와 관련한 모든 일이 그 사람 차지다. 부모님을 모시고 병원에 가고, 건강검진을 받고 후속 치료 등 모든 과정을 챙겨야 한다. 아들이 불효자라서 그런 것이 아니다. 보통은 부모가 아들의 결혼생활에 나쁜 영향을 줄까 걱정해서 아들에게는 선택적으로 상황을 알린다. 심지어 숨기기도 한다. 건강 같은 중요하고 급한 문제부터 일상생활에서 벌어지는 작은 일까지 다 그렇다. 그러나 딸 앞에서는 완전히 달라진다. 일상의 모든 불편함을 미주알고주알 털어놓는다. 심지어 실제보다 과장해서 딸의 마음을 무겁게 하는 경우도 많다. 그러면 딸은 대개 자신이 제대로 부모님을 돌보지 못해서 그렇다, 뭐든지 내가 잘못했다 같은 감정을 느낀다.

능력 있는 사람이
과로하는 이유

능력 있는 사람이야말로 운이 나쁘다! 모두가 그 사람을 찾아가 도와달라고 손을 벌린다. 책임져야 할 일을 전부 그 사람에게 밀어버리고, 누구나 할 수 있는 사소한 일까지 전부 맡겨버린다. 그리고 그걸 당연하게 여긴다. 맨 처음엔 그 사람조차 자신이 하는 게 옳다고 생각했을 것이다. 부모는 가족이니 내가 책임지는 게 맞다고, 가족끼리 시시콜콜 따질 필요도 없다고 생각했을 것이다. 그렇게 부담이 가중되고 낙타를 쓰러뜨리는 마지막 지푸라기가 등에 얹히는 순간이 온다.

'능력 있는 사람이 더 고생한다'라는 말은 분명 처음에는 대부분 칭찬이자 인정, 기대 등을 의미했을 것이다. 우리는 가족 구성원 중에서 누가 가장 능력 있는지, 계획을 잘 세워서 움직이고 돌발 상황이 벌어져도 척척 대처하는지 등을 다 알고 있다. 다만 이런 능력이 종종 마땅히 해야 하는 익숙함이 돼버리고, 마지막에는 억압과 인내가 될 가능성이 높다는 것이 서글프다.

"나는 마땅히 가족의 기대와 요구를 만족시켜야 한다. 나는 맏이니까 마땅히 더 큰 책임이 있다. 나는 결혼을 하지 않았으니, 매여 있는 가정이 없는 내가 마땅히 나서서 책임을 부담해야 한다."

"부모님은 남부 지방에 사는 데 익숙하시고 너도 그쪽에 살고 있잖니. 부모님이 살던 곳을 떠나서 우리 집에 오실 필요가 있을까? 너도 금방 익숙해질 거야. 가족을 돌보는 책임이든, 분신술이라도 배워야 할 만큼 바쁜 삶이든 또는 우울함이든 뭐가 됐든 익숙해질 거야."

내일, 그리고 또 내일……. 내일은 계속해서 온다. 인내하는 것 외에 무엇을 더 할 수 있을까? 충분히 믿을 수 있는 사람도 없고, 사회 복지나 장기 간병을 위한 물질적 지원도 부족하다. 더 참을 수 없는 상황에 몰려도 그저 한 번 더 인내하는 수밖에 없다.

지혜롭게 부모님을 모시고
자기 자신에게 관대해져라

우리는 사람이다. 어떤 난관도 부술 수 있으면서 절대 피로해지지 않는 그런 사람은 없다. 점점 나이 들어가는 부모와 어떻게 해야 잘 지낼 수 있을까? 돌봄을 받는 사람과 돌보는 사람 중 한쪽, 또는 양쪽 모두 몸과 마음이 갈수록 피폐해진다면 침몰하는 배와 같은 상황을 이겨낼 방법을 생각해봐야 한다.

우선 오랫동안 이어져온 남존여비 사상을 계속 복제해서는 안 된다. 그런 고정관념을 깨뜨려야 한다. 효도를 하더라도 어리석은 효도는 옳지 않다. 마음을 다하여 부모를 모시되 무조건 순종하지는 말아야 한다. 어리석은 효도, 무조건적 순종은 결국 마음속 원망으로 돌아오며 남은 삶에 불행이 될 수 있다. 자기 삶은 다른 누가 책임져주지 않는다. 게다가 내 마음속 원망이나 불행이 또 다른 누군가에게로 옮겨갈지도 모른다. 그 사람이 내 곁에 있는 또 다른 여성일 수도 있다.

무엇보다 나 자신에게 관대해져야 한다. 마음속 목소리에 귀 기울이고 오랫동안 억눌러온 우울을 인정하자. 도움이 필요하다는 것, 더는 이대로 버틸 수 없다는 것을 받아들

여야 한다. 적절한 시기, 적절한 정도에서 거절하고 부담을
다른 사람과 나눠야 한다. 그런 행동은 절대 불효가 아니며
죄책감을 가질 일이 아니다.

혼자서 오랫동안
집안을 책임져온 사람

역할에 너무 빠져들지 마라

"오늘은 심리상담사, 내일은 물리치료사, 모레는 목욕 도우미, 그 다음은⋯⋯. 전 매일 손님맞이를 해요."

나이 든 어머니가 한숨을 쉬었다.

"선생님, 오해하지 마세요. 너무 피곤해서 그래요."

장기간 가정에서 간병하는 사람들은 지금까지 제대로 관심받지 못했지만 많은 사람이 상상하기 힘든 고통과 슬픔을 겪고 있다.

이번 이야기의 주인공은 벌써 일흔이 된 여성이다. 그런데 5년 전 중풍으로 쓰러진 아들을 매일 마사지하고, 아들이 약을 챙겨 먹는지 감시하고, 재활치료를 받으러 통원하

는 길에 동행하고 있다. 그렇게 어려움을 하소연하는 순간
에도 아들의 상담사인 내가 오해라도 할까 봐 급히 부연설
명을 했다. 내 마음을 알아차렸을 뿐 아니라 신경까지 써주
느라 나오는 태도였다. 그래서 나는 그 나이 드신 어머니가
더 안타까웠다.

　어머니는 말씀을 마친 뒤 아들의 등을 힘차게 두드렸다.
　"진지하게 상담해야 한다. 나 혼자서 쓸데없는 노력하
게 하지 말고!"
　환자의 가족들이 사그라진 불씨처럼 힘없는 얼굴을 하
면서도 억지로 유머를 잃지 않으려는 모습을 보면, 오랫동
안 계속된 간병이 언제나 끝날지 생각하게 된다.

가정 간병인의 미소우울증

　대화를 나누던 중, 어머니가 아들을 데리고 병
원에 재활치료를 받으러 갔던 이야기를 꺼냈다.
　"다행이었죠! 아들과 같이 재활치료를 받으러 갔는데,
아기를 낳다가 중풍이 온 환자를 봤답니다. 출산 때문에 힘
을 주다가 잘못되었대요. 젊은 사람이 그렇게 중풍이 왔다
는군요!"

자기 아들은 중년이 되어서야 중풍이 와서 다행이라는 것인지, 아니면 단순히 이야기를 꺼낸 것인지 알 수 없었다. 어쨌든 그 말 속에는 안타까움과 탄식 등이 모두 들어 있었다.

간병이 길어지면 여러 가지 가정 내 돌봄 서비스를 쓰게 된다. 정부에서도 장기 간병 가정을 지원하는 정책을 마련해 전문 인력이 가정을 방문하는 방식으로 움직임이 불편한 환자가 집 밖으로 나가지 않고도 재활치료와 간호 등을 받을 수 있게 돕는다. 그러나 이런 지원정책이나 협조가 환자 가족에게 실질적인 도움을 주기에는 아직 크게 부족하다.

재활치료는 긴 시간을 투자해야 하며 고통스럽고 힘든 점이 많다. 환자만 그런 것이 아니라 보호자인 가족도 누군가에게 도움을 받아야 할 만큼 힘들다.

역할에 너무 빠져들지 말 것,
역할은 스스로 정한다

진지하게 세어보지 않으면 각자 자신이 얼마나 많은 역할을 감당하고 있는지 제대로 알지 못할 때가 많다. 적어도 곧바로 대답이 나오지 못할 것은 확실하다.

한 사람은 동시에 부모이자 아들이며 딸, 직장 동료이

자 상사, 친구 등의 역할을 한다. 이런 역할 중에서 가족의 역할이 가장 중요한데, 가족은 삶의 근원이자 영원히 떼어낼 수 없는 관계이기 때문이다.

예를 들면 미소우울증 환자 중 많은 수가 혼자 있는 순간에도 어머니라는 역할을 계속 수행하곤 한다. 그 역할에서 한 번도 빠져나오지 못하는 셈이다.

생각해보자. 당신이 맡고 있는 역할의 관점, 태도, 기준은 스스로 결정한 것인가? 아니면 반대로 역할이 당신을 좌우하는가? 그래서 어떤 상황에서든 몸과 마음이 아무리 지쳤어도 늘 자신에게 엄격한 기준을 들이대는가?

나에게 몇 가지 역할이 주어지는지 확인하자

왜 몇 가지 역할을 수행하고 있는지 확실히 세어보는 것이 중요할까? 왜냐하면 역할마다 사회적 기대와 자기 요구가 다르기 때문이다.

이 말을 듣고서 깨달은 점이 있는지 모르겠다.

사람 노릇을 한다는 것은 참으로 어려운 일이다. 특히 대단한 사람, 훌륭한 사람이 되려고 한다면 더욱 더 힘들 수

밖에 없다. 인생은 장난감이 들어 있는 달걀 모양의 초콜릿, 킨더 서프라이즈가 아니다. 맛있는 초콜릿, 어떤 장난감이 나올지 모르는 두근거림, 장난감으로 놀이하는 재미까지 갖춘 그 제품처럼 세 가지 소망을 모두 만족시켜주는 사람이 되기란 불가능하다는 소리다. 오히려 삶은 역할 인지와 자아 속박 사이의 전투에 가깝다. 한 가지 역할에는 여러 방면의 기대와 요구가 뒤따른다.

우리는 스스로 가장 신경 쓰는 역할을 수행하는 데 가장 많은 에너지를 쏟는다. 그래서 역할마다 자신이 얼마만큼의 비중을 두고 있는지 명확히 알아두는 것이 좋다. 그래야 역할에 함몰되지 않고 빠져나오는 데 도움이 된다.

예를 들면 직장에서는 그날그날 날짜만 지나가면 된다는 식인 사람이 가족 일이 되면 그 어떤 경영자보다도 진취적으로 행동하기도 한다. 한 사람이 가장 중요하게 생각하고 많은 에너지를 쏟는 역할은 그 사람에게 성취감을 주고 자아가치를 높여주는 원천일 때가 많다.

반대로 그 역할에 따른 목표를 달성하지 못하거나 실패했다고 느끼면 큰 심리적 타격을 받고 허무해질 수도 있다.

예를 들어서 좋은 엄마, 좋은 아내로서 가정을 잘 꾸리는 데 모든 노력을 바치는 사람이 있다고 해보자. 가정 내에서의 역할이 중요한 이 사람은 회사에서는 크게 활약하지 않더라도 가정이 원만하고 행복하다면 자신이 여전히 쓸모 있는 사람이라고 여길 것이다. 그런데 그 사람의 삶에서 좋은 엄마이자 아내라는 역할이 사라져버린다면 어떻게 될까? 아이들이 다 자라서 자신의 품을 떠난 뒤에 많은 부모가 삶의 의의를 잃어버린 것처럼 우울해하는 경우를 흔히 볼 수 있지 않은가?

《아주 작은 습관의 힘Atomic Habits》이라는 책에서는 행동 변화의 가장 중요한 부분이 바로 자아 정체성이라고 말한다. 그런데 한 사람의 자아 정체성은 습관, 신념 그리고 경험에서 나온다. 매일 하는 일, 마음에서부터 승복하는 권위와 신조, 자주 경험하는 크고 작은 사건 등이 결국 그 사람의 역할 정체성을 강화하는 것이다.

좋은 아내, 좋은 엄마가 되고 싶다고 해서 무슨 일이든지 다 자기 손으로 할 필요는 없다. 몸이 부서져라 헌신하거나 뭐든지 다 잘하는 슈퍼우먼이 될 필요도 없다.

지금보다 더 잘할 필요도 없고, 최고가 될 이유도 없다. 지금도 충분히 훌륭하기 때문이다.

어쩌면 이렇게 말하는 사람이 있을지도 모른다. "나야말로 좋은 엄마지. 누구도 나를 대신할 수 없어." 하지만 잊어서는 안 된다. 그 사람은 누군가의 엄마이면서 동시에 또 다른 누군가의 딸이자 아내이다. 무엇보다 중요한 것은 역할이 나를 대신할 수 없다는 사실이다. 나야말로 대체될 수 없는 존재다.

다시 생각해보자. 사람들 앞에서 자신을 지칭할 때 누구 엄마, 누구 아내, 누구 며느리라고만 소개할 것인가?

맡고 있는 역할에 과도하게 몰입하면 원래의 진정한 나 자신을 잃거나 또는 잊기 십상이다. 게다가 그렇게 자신을 잊고 나면 주변에서는 더욱 더 어떤 역할로서만 그 사람을 정의하게 되고, 더 큰 부담과 끝없는 스트레스를 부담시키려고 할 것이다. 우리는 누군가의 누구가 아니라 그냥 나 자신이다.

모든 역할, 관계에는 각각 대응하는 사회적 기대가 있다. 그러다 보니 사회적 기대를 저버리고 괴롭다고 토로하기가 쉽지 않다. 그래서 정말 힘든데도 억지로 미소를 쥐어 짜낸다. 주어진 여러 가지 역할 중에서 한 가지 역할 정체성에만 과도하게 집착하면 세상에 하나뿐인 진짜 자신의 모습은 기억 속에서 사라질 것이다. 그러다 보면 점점 자기 삶에서 가장 우선시해야 하는 것마저 잊어버린다.

역할 정체성에서 벗어나려면

앞에서 이야기한 어머니 사례로 돌아가보자. 어머니는 상담 막바지에 이런 말을 했다.

"작년에 발을 수술해서 절뚝거리며 걸었답니다. 지금은 다행히 아프지 않은데 다만 이 애를 언제까지 돌봐줄 수 있을지 그것이 걱정이지요. 그렇잖아도 아들은 자기 일인데도 재활치료를 열심히 하려고 하지를 않아요. 병원도 제가 몇 번이나 재촉을 해야 가고요. 제가 중풍에 걸린 것도 아닌데 말입니다!"

어머니는 시시때때로 농담을 던지는 유쾌한 분이었다. 나는 그런 모습을 볼 때마다 어머니의 진짜 성격은 이쪽일 거라고 생각했다.

원래 그녀는 명랑하고 활발한 여성이었을 것이다. 젊었을 때부터 나이 든 지금까지 아들을 돌보며 뒤치다꺼리를 해주고 있는 어머니가 아니라.

역할 정체성에서 벗어나면 미소우울증에서도 벗어날 수 있다.

누구나 마음속에 고민, 비밀 등을 가지고 있다. 우울을 더는 견딜 수 없어서 삶을 끝내버린 뒤에야 그들에게 알려지지 않았던 면모가 있었다고 알게 되는 것은 너무 늦다. 이런 상황에서 가장 안타깝고 또 아이러니한 일은 우울증으로 극단적 선택을 한 사람의 마음속 비밀을 가장 마지막으로 알아차리는 사람이 사실은 가장 가깝게 지내던 이들이라는 사실이다.

가족을 돌봐야 한다는 부담에 오랫동안 짓눌려온 사람은 자신의 고통을 입 밖으로 소리 내어 말하지 못할 뿐 아니라 자신이 그런 책임을 포기할 수 있다는 생각도 하지 못한다. 심리 문제는 더 나빠지지만 않아도 나아지고 있는 거라고 할 수 있지만 많은 경우 줄곧 악화되기만 한다. 심각한 상황이 닥치고서야 그 고통을 알게 된 가족들은 당황스럽고 어찌할 바를 몰라 허둥지둥할 뿐이다.

손쓸 수 없는 지경까지 내버려두면 안 된다. 그렇게 되면 작별인사 말고는 더 할 것이 없어진다. 지금 바로 시작하자. 가까운 사람에게 문제가 없는지 살피고 과도한 역할 정체성에서 벗어나도록 돕자. 지금 아직 기회가 남아 있다.

나에게 슬픔을 허락할 권리

나는 내가 바라는 모습으로
살 수 있다

성격을 바꾸고
운명의 주인이 되자

"성격이 운명을 결정한다." 이 명언을 말한 사람이 정신
분석의 대가 칼 융이라는 설도 있고, 그리스 철학자 소크라
테스라는 설도 있다. 어느 쪽이 맞는지 알 수 없지만 적어도
우리 모두 이 말을 들어보았고, 또 이 말을 굳게 믿고 있다.

과거 심리학 연구 및 관련 지식에서는 개인의 성격 특
성이 바뀌지 않는다고 했다. 이 말은 운명론적인 느낌을 준
다. 타고나기를 비관적이고 과하게 완벽을 추구하게 태어났
다면 쉽게 우울과 불안에 빠져들며 심리 문제가 나타날 가
능성이 높다는 것이다.

《생각에서 물질로Mind to Matter》라는 책에는 2016년에

발표된 성격 관련 연구 결과가 나온다. 잡지《심리와 노화 Psychology and Aging》에 실렸던 이 연구보고서에서는 60년에 걸쳐 천 명이 넘는 소년을 추적했고(물론 지금 이들은 이미 노년에 들어섰다), 정말 놀라운 사실을 발견했다.

성격은 바뀔 수 있다는 결과였다. 바꾸기로 마음먹기만 하면, 우리는 전과 다른 사람이 될 수 있는 것이다.

되고 싶은 사람이 될 수 있다

우리는 성격이 정해진 것이라고 믿어왔다. 초기 심리학에서도 그렇게 주장했다. 그러나 앞서 말한 연구 결과는 우리의 고정관념을 깨뜨린다.

이 결과는 내가 계속해서 강조하는 것과 일맥상통한다. 끊임없이 공부하고 책을 많이 봐야 한다. 그래야 한계를 뛰어넘는 발견을 할 수 있고, 새로운 사고방식으로 자신에게 맞지 않는 신념 또는 유해한 가치관을 수정할 수 있다. 그렇게 해서 더 나은 삶을 살아가는 것이다. 오래전부터 이어져온 낡은 생각의 굴레에서 벗어나야 한다. 자신에게 맞지 않거나 문제가 있는 사고방식을 무차별적으로 흡수하면 좋지 않다. 사회의 가치관을 무조건 내 것으로 내면화하면 나와 타인의 삶에 영향을 끼치게 되고, 심할 경우 삶 자체가 그것에 얽매일 수 있기 때문이다.

나는 종단 연구[2]에 관한 글을 읽을 때면, 횡단 연구[3]와는 다르게 마음속에서 존경과 감동이 솟아나곤 한다. 종단 연구는 정말 많은 열정과 의지가 있어야 충분히 긴 시간 연구를 진행할 수 있기 때문이다. 시간과 자본이 많이 들어갈 뿐 아니라 연구 과정에서 표본이 유실되기도 하고 연구진이 온갖 원인으로 연구에서 빠지는 경우도 생긴다. 연구자 역시 인간이기 때문에 열정이 전부 소진되거나 병에 걸리거나 사고로 세상을 떠날 수도 있다. 연구자는 청년기부터 노년기까지 연구에 평생을 바쳐야 하고, 연구 대상인 청소년들 역시

---

2 종단 연구longitudinal research는 장기적인 연구로, 연구 대상을 긴 시간 관찰, 추적하여 자료를 수집하는 연구 방법을 가리킨다. 종단 연구는 연구 대상이 시기별, 단계별로 보여주는 변화를 탐구한다. 따라서 연구 자료에 많은 시간 단락을 포함하게 되는데, 연구 주제에 따라서는 자료를 분석할 때 수십 년을 넘나들어야 하는 경우도 있다. 이와 같은 종단 연구를 통해 우리는 인류사의 장기적인 발전 흐름, 환경 및 시대적 요인, 연구 대상의 여러 경험 등이 인간에게 미치는 영향을 살펴볼 수 있다.

3 횡단 연구cross-sectional studies는 특정 시간대에서 연구 대상의 심리 상태와 행동, 사회 현상을 관찰, 비교하는 연구를 가리킨다. 횡단 연구의 장점은 연구 대상의 특징과 특정 사건의 현상 등 여러 측면의 상황을 빠르게 이해할 수 있다는 것이다. 그러나 특정 시기에 대한 연구만 진행하기 때문에 장기 자료가 없어서 거시적인 시각이 부족하고 긴 시간에 걸친 요인과 변화 흐름을 탐구하기 어렵다.

3장 나에게 슬픔을 허락할 권리

장년 또는 노년이 될 때까지 연구에 참여해야 한다. 연구자와 연구 대상이 서로 나이가 들어 변해가는 모습을 지켜봐야 하는 것도 종단 연구의 재미난 점이다.

이 연구에서 학자들은 성격이 바뀔 수 있다는 것을 발견했으며, 나아가 **한 사람이 책임지고 변하겠다고 마음먹고 목표를 향해 꾸준히 훈련하면 누구나 자신이 되고 싶은 사람이 될 수 있다는 것을 알아냈다.** 의식적으로 쉬지 않고 연습하기만 하면 된다. 성격을 바꾸고, 외부 자극과 스트레스에 반응하는 방식을 조정하면 점차 자신이 원하는 모습이 되어간다.

성격을 바꿀 수 있는 것처럼
운명도 바꿀 수 있다

우울한 정서 또한 바꿀 수 있는 것에 포함된다.

성인이 될 때까지 우리는 여러 차례의 학습 단계를 거친다. 유치원부터 초등학교, 중학교, 고등학교, 대학교 또는 대학원까지 학교를 다닌다. 이런 학습 단계에서 공통점은 함께 공부하는 동료가 있다는 것이다. 어릴 적 당신 옆자리에서 콧물을 흘리던 남학생, 당신과 손잡고 화장실에 같이 가주던 여학생 등을 떠올려보자. 이 사람들의 성격이나 행동방식은 30년 또는 40년이 흐른 뒤에 어떻게 바뀌었을까? 당신이 기억하는 예전 모습과 크게 달라지지 않았을까? 동창회에 참석할 때마다 친구들의 바뀐 모습에 깜짝 놀라지 않는가?

공부를 잘했던 모범생이 지금은 조직폭력배가 되어 있기도 하고, 어릴 적에는 비행 청소년이었는데 지금은 신경외과 전문의가 되어 있기도 할 것이다. 매일 지각을 밥 먹듯 하던 친구가 지금은 근면하고 성실한 기업가가 되었을 수도 있다. 학교를 다닐 때는 선생님의 사랑을 독차지하던 우수한 학생이 지금은 노숙자 생활을 하기도 한다. 사실 동창회에 갈 것도 없이 신문, 잡지, 텔레비전 뉴스만 봐도 이런 비슷한 사례가 잔뜩 나온다. 과거에 알코올, 마약, 섹스 등에 중독되어 살았던 사람이 나중에 완전히 달라진 모습으로 유명 지식인이나 어떤 분야의 권위자가 되기도 한다. 물론 짧은 시간 내에 벌어진 변화는 아니다. 하지만 어떻게 추론해보아도 이들의 결말은 가난, 이혼, 패가망신, 장기 입원, 교도소 수감 등과 더 가까울 것 같았는데 말이다.

과거와 현재 사이에 도대체 무슨 일이 벌어졌던 것일까?

길을 바꾼 뒤
계속해서 걸어가라

이것이야말로 성격 변화가 그 이후의 운명을 결정지은 사례다.

모든 변화는 서로 밀접하게 관련되어 있다. 하나의 움직임이 전체를 바꾸어놓는다. **성격을 바꾸는 것은 다시 말해서 스트레스 대응 방식을 바꾸는 것이며, 나아가 감정을 결정하는 일이다.** 삶을 바라보는 시각, 좌절과 시련을 대하는 태도에 따라서 즐거운 감정을 느낄 수도 있고 우울한 감정을 느낄 수도 있다.

이런 상황을 상상해보자. 난생 처음 가는 도시에서 스마트폰 지도 앱 없이는 누구나 길치다. 적어도 나는 그렇다. 하지만 그 도시에 오래 머물러 자주 가는 길이 생기면 머릿속에 주변 환경과 노선 등에 대한 지도가 그려지고 그때부터는 길을 잃지 않게 된다. 내재된 길 찾기 능력으로 길을 인지해 머릿속 지도를 확장한 것이라고 볼 수 있다. 성격 역시 마찬가지다.

성격은 눈에 직접 보이지 않는다. 따라서 바깥으로 드러나는 행동을 통해서 개인의 성격 특징을 추론할 수밖에 없다. 성격이 바뀌지 않는다는 것은 정서 반응이 나타나는 방식과 스트레스를 느끼는 방식이 바뀌지 않는다는 의미다. **성격을 바꾼다는 것은 새로운 정서 반응과 스트레스 대응 방식을 꾸준히 연습한다는 의미이며, 나에게 그럴 의지가 있다는 뜻이다.** 다시 말해 성격 변화란 명확한 목표를 두고 열심히 연습해야 하는 일이다. 원래 가지고 있던 성격과 오래된 습관을 더 이상 내버려두지 않는 것, 무의식의 영향을 받아 행동하지 않는 것이다. 많은 사람들이 바꾸고 싶어 하는 성격과 습관으로는, 갈등이 있을 때 폭발하듯 화를 쏟아내는 것, 감정 착취를 당해도 꾹 눌러 참기만 하고 아무 말도 하지 못하는 것 등이 있다.

그러면 어떻게 성격을 바꿔야 할까?

우선 당신이 자아 정체성을 어떻게 형성하고 있는지 생각해보자. 말하자면 자기 성격을 어떻게 이해하고 정의하느냐다. 이를 파악하는 데에는 대개 세 가지 방식이 있다. 첫째, 타인이 당신에게 말해준다. 둘째, 스스로 책을 찾아보면서 파악한다. 셋째, 자신의 행동과 사소한 반응을 오랜 시간 관찰한다.

그런데 이런 방식은 전부 암시다. 환경이 주는 정보를 받아들인 것이다. 사람은 친밀한 관계에서 얻은 정보를 신뢰한다. 대부분 주어지는 정보를 분석하거나 비판하지 않고 그대로 받아들이며, 그렇게 해서 나는 이런 사람이라고 믿어버린다. 그렇게 해서 내린 결론이 긍정적이고 마음에 든다면 또 모르겠지만, 자신을 힘들게 하고 벽에 부딪히게 하는 성격이라면 어떻게 한단 말인가? 그럴 때는 자기암시를 새롭게 쌓아야 한다.

스스로에게 이렇게 말해주면서 계속 암시하자. **"나는 능력이 있다. 나는 용감하다. 내 감정은 좋은 쪽으로 바뀔 수 있고, 힘든 상황도 나아질 것이다. 나쁜 일이 또 생기지 않을 것이다."**

성격을 바꾸고 싶지 않은 이유는 백 가지도 넘게 찾을 수 있을 테지만, 실상 그 이유란 것은 전부 핑계에 불과하다. 성격을 바꾸고 싶다면 이유는 한 가지도 필요하지 않다. 왜일까? 이유가 생길 때까지 기다릴 수 없기 때문이다. 이유를 찾는 시간은 쓸데없는 낭비다.

사주팔자 또는 점을 보는 등의 일에 대해 나는 개방적이다. 훌륭한 점쟁이가 미래가 긍정적이고 밝다고 말해줘서 위로를 받고 힘이 났다면 좋은 일이다. 이것을 심리치료에서는 '정서적으로 응원해준다' 또는 '희망을 준다'라고 표현한다.

환경 속 피드백 기제

이제 주변 환경을 살펴보자. 주변 환경은 내게 도움이 되고 있을까, 아니면 해가 되고 있을까? 곁에 있는 사람들은 나를 부정적으로 만들까, 아니면 긍정적으로 만들까?

어떤 행동이든 습관이 되려면 주변 환경의 도움이 필요하다.

이때 환경이란 사람과 사물로 구성되며 환경은 여기저기서 나에게 피드백을 준다. 우리는 주변 환경으로부터 피드백을 전달받고 좀 더 적응력이 강한 성격으로 발전할 수 있다. 반대로 이런 피드백 때문에 오히려 부정적인 행동을 하고 타인에게도 자신에게도 아무 도움이 되지 않는 성격으로 살아갈 수도 있다.

누구나 그렇듯 격려를 받거나 원하던 반응을 얻으면 그 행동을 더 하고 싶고 계속 유지하려는 경향이 있다. 그런 행동을 하는 과정이 좀 힘들더라도 말이다. 하지만 부정적인 반응이나 나쁜 결과를 얻으면 그 행동을 적게 하거나 아예 하지 않게 된다. 성격을 변화시키는 과정도 똑같다.

나는 우리 모두가 어린 시절의 심리적 상처로 인한 저주에서 풀려나기를 바란다. 과거의 고정관념과 원래의 성격에 평생 휘둘리며 살지 않기를 바란다. 우리는 성격을 바꿀 수 있고 운명을 자기 손으로 결정할 수 있다. 내 인생의 시나리오는 내 손으로 쓰는 것이다. 주도권을 쥔 사람은 나라는 사실을 잊지 말자.

웃다가 갑자기 눈물이 날 때
진짜 나를 만난다

**슬픔도 기쁨도
나의 일부다**

미소우울증을 앓는 사람은 마음속으로는 괴롭지만 얼굴에는 미소를 띠고 눈에 보이지 않는 눈물을 흘린다. 그들은 웃다가 어느 순간 울어버리지만 그 눈물은 마주 보고 있는 사람도 알아채지 못한다.

왜 주변 사람들은 그 눈물을 보지 못할까? 우선 미소우울증을 앓는 사람들조차 우울감에 빠져 있는 진정한 자신을 인정하지 못하기 때문이다. 그들은 사실 더 이상 힘껏 달리고 싶지 않다. 완벽한 척 위장하는 것도 지친다. 더는 마이크를 쥐고 카메라 앞에 서는 것이 싫고, 끝없이 이어지는 박수를 받는 것도 싫다.

그들은 이제 자신을 휘감고 있는 후광, 진짜 얼굴을 가린 가면을 벗고 싶을 뿐이다. 그렇게 고요하게 쉬고 싶다.

더 좋은 나를 바라는 것은
현재의 자신을 부정하는 것이다

많은 사람들이 그렇게 산다. 일하면서 전전긍긍하고 인간관계에서 모든 것을 맞추려고 한다. 다른 사람들 눈에 완벽한 모습을 보이려고 한다. 그러나 그런 겉모습을 한 꺼풀 벗기면 연약함이 드러난다.

우리는 늘 더 나은 사람이 되겠다고 외치면서 자신을 격려한다. 더 완벽해져야 하고, 더 굳건해져야 한다. 어떤 인간관계에서도 꽃처럼 미소 지어야 한다. 매 순간 찬란하게, 뭐든지 잘 해내야 한다. 하지만 더 나은 내가 되어야 한다는 것은 지금 이 순간의 내 모습을 의심한다는 반증이 아닐까? 그런 우리의 마음속에는 자기비하와 공포가 숨어 있는 게 아닐까?

완벽을 추구하고 더 나은 자신을 갈망한다면, 현재의 자신이 완벽하지 않고 충분히 훌륭하지 못하다고 생각하는 것이다. 스스로 '나는 훌륭하지 않다', '나는 부족하다'라고 생각하면서 자신을 좋아할 수 있을까? 안정적으로 자유롭게 살 수 있을까? 불안과 우울에 빠지지 않을 수 있을까? 스스로 부족하다고 생각된다면 온 힘을 다해 목표를 향해 달려가야 한다. 한순간도 긴장을 늦출 수 없다. 달리는 속도가 너무 느리지 않은지 걱정하며 살아야 한다. 매일이 끝없는 경쟁의 연속이다.

진정한 자신을 마주하기란 쉽지 않다. 우리 대다수가 진짜 자신의 모습을 부정하거나 억압하면서, 또 합리화하면서 평생을 살아간다.

진정한 감정과 내재적 동기를
인정하지 못하면
누구라도 우울할 수밖에 없다

'이 직장은 더 이상 못 다니겠어.'
'이런 결혼생활은 못 참겠다.'
'제발 잠시라도 쉬고 싶다. 한 달이든, 반년이든.'
'혼자서는 가족을 부양하기가 힘들다. 일을 분담하고 싶지만 지난 10년 동안 나 혼자서 책임져야 했다. 그렇다고 해서 다른 사람들에게 남편이 밥만 축내고 돈은 못 벌어온

다고 알리고 싶지도 않다. 그런 이야기를 하느니 부끄러워
서 바닷물에 빠져 죽는 게 낫다.'

이렇게 생각하는 당신은 직장 동료들 앞에서 늘 괜찮다
고 말할 것이다. 그러면서 밤낮 없이 야근에 잔업을 하는 생
활을 이어갈 것이다. 편의점에서 산 도시락을 전자레인지에
데워 먹고 책상 앞에 붙여놓은 "나를 사랑하라", "나를 존중
하라", "균형 잡힌 삶을 살자" 등 여러 가지 좋은 말들을 시
시때때로 읽을 것이다.

부모님이 걱정하시면 뭐라고 말할까? 친구가 잘 지내느
냐고 물으면 또 어떻게 말할까? 당신은 그럴 때마다 미소 띤
얼굴로 대답할 것이다. "결혼생활이 다 그렇죠, 뭐. 결혼한
사이에 이제 와서 사랑이니 뭐니 그런 얘기를 어떻게 해요."
또는 이렇게 말할 수도 있다. "적어도 폭력을 휘두르거나 외
도를 하는 건 아니니까……."

**부정하고 억압하고 또 합리화하는 동안 진정한 나 자신
그리고 자기 내면의 목소리는 점점 더 멀어진다.** 내 안에서
경고 신호가 울리는데도 그것을 환청처럼 치부하고 믿지 않
으려 할 때도 있다.

자기를 부정하지 않기 위한 전제조건은
진정한 자신을 인지하고 인정하는 것이다

중년이 되어서 깨달음을 얻은 사람들은 참 대
단하다. 나는 그런 사람들을 존경한다. 그들은 시원시원하게
행동하고 어떨 때는 제멋대로 사는 것처럼 보이지만 결국
진정한 자신을 마주하고 받아들인 사람들이다.

친밀한 관계 속에서 자유로워지고 싶다면, 더 이상 목
이 졸린 듯 숨 막히게 살고 싶지 않다면 용감하게 관계를 끝
내야 한다. 반드시 관계를 끝내지는 않더라도 배우자에게
진짜 하고 싶었던 말을 하고, 지금까지처럼 살지 않겠다고
말할 수 있어야 한다. 또는 직업적으로 정말 하고 싶었던 일
에 도전해도 좋다.

안타깝다고 해야 할지 그래도 다행이라고 해야 할지 모
르겠지만 사실 큰 병을 앓았다가 회복된 사람들이 이런 결
정을 내리는 경우가 많다. 큰일을 겪고 나서야 지난 삶을 돌
아보면서 내면의 목소리에 귀를 기울이고 한 번도 제대로
살펴보려고 하지 않았던 진짜 자신에 대해 생각하게 되는
것이다.

앞에서 말했듯 예전에는 당신과 나를 포함한 모든 사
람들이 더 나은 모습을 추구하는 것이 진취적이고 적극적인

좋은 태도라고 여겼다. 그런 생각이 '지금의 나는 결점이 많다'는 무의식적인 자기비하에서 나왔다는 것을 몰랐다. 그렇게 우리는 능력이 뛰어나야 사랑받을 가치가 있다고 생각해 온 것이다.

자신을 계속 인식하다 보면 그때서야 내면 깊숙한 곳에서 스스로 자기가치를 깎아내리며 의심해왔다는 것을 깨닫게 된다. 그렇기 때문에 더 나은 사람이 되어 능력과 가치를 증명하려 했다는 것을 말이다.

많은 사람들이 좋은 사람이 되고 좋은 일을 하고 좋은 마음을 가지고 살아가고자 한다. 그러나 조금 더 깊이 파고 들어 보면 이런 생각의 핵심 동기가 타인에게 호감을 얻고 존경과 칭찬을 받는 것임을 알 수 있다. 대가를 받는 일이며, 개인적이고 내재된 결핍에 의한 것이다. 물론 처음부터 나쁜 의도를 품은 사람은 제외다. 내가 말하고 싶은 것은 자신의 내면적 신념을 제대로 이해하고 깊이 파고들지 않은 경우다. 그런 경우가 아마 가장 많고 흔할 것이다.

그래서 자신을 인지하는 일이 중요하다. 마트료시카 인형처럼 또는 양파처럼 몇 겹씩 덮여 있는 자기 내면 깊은 곳의 진짜 감정과 생각을 관찰해야 한다. 자신에게 다음과 같은 질문을 던져보자.

내 감정이 하나인가, 아니면 복잡하고 다양한 감정이

동시에 존재하는가?

감정이 짧게 유지되다가 사라지는가, 아니면 좀 더 길게 이어지는가?

좋다고 느낄 때, 정말로 좋은 것이 맞는가?

온 세상이 정전된다면 사람들은 더 이상 회피하지 못하고 진정한 자신과 마주해야 할 것이다. 전기가 끊어졌으니 휴대전화로 게임을 하거나 SNS에 들어가서 시간을 때울 수 없다. 그때는 진짜 삶의 과제를 피하지 않고 직시해야 할 것이다.

자신을 인정하기란 쉽지 않다. 일단 내면의 모습과 밖으로 보이는 모습의 불일치부터 인정해야 한다. 이게 무슨 뜻일까? 간단히 비유해보겠다. 햇빛이 비치는데 빗방울이 떨어질 때가 있다. 그런 날씨는 맑은 걸까, 흐린 걸까?

내면과 외면이 일치하지 않을 때는 우선 그 차이를 조정하고 맞춰야 한다. 흑백논리처럼 둘 중 하나를 선택하는 것이 아니다. 기쁨과 슬픔, 햇빛과 빗방울, 어느 쪽이든 모두 내 일부라고 받아들이면 된다.

사람을 미워할 용기가
필요하다

**원망할 수 있는 지혜를
가져라**

우리는 어렸을 때부터 원수에게 은혜를 베풀라고 배웠다. 하지만 다들 착한 학생이 아니었는지, 대부분은 선생님의 가르침을 절반만 기억했다. 그것이 몰이해 또는 오해가 되었고 오해가 길어지면서 마음속 고통으로 바뀌었으며 나아가 인간관계에서 원망으로 쌓이게 되었다.

'원수에게 은혜를 베풀어라以德報怨'라는 말은 누가 했을까? 답은 노자다.

'원수를 공정하게 대하라以直報怨'는 말은 또 누가 했을까? 답은 공자다.

《논어論語》〈헌문憲問〉 편에는 이런 내용이 나온다.

어떤 사람이 물었다. "원수에게 은혜를 베푸는 것이 어떠합니까?" 공자가 말했다. "왜 은혜를 베푼단 말입니까? 원수는 공정하게 대하고, 은혜에는 은혜로 갚으면 됩니다."

노자는 원수에게 은혜를 베풀라고 했고, 공자는 정의를 기준으로 삼아 공정하게 대하라고 했다.

사실 둘 다 맞는 말이고, 우리는 전체적으로 이해하면 된다. 원망하는 마음이 있어도 은혜를 베풀라는 것은 평소에 사람들과 화목하게 지내고 원한관계를 맺지 말라는 가르침이다. 어쩌다가 갈등을 빚게 되었다면 서로 성의 있게 화해하고 원만히 해결하는 것이 좋다. 갈등을 심화시켜서 더 큰 문제를 만들지 않아야 한다.

그런데 상대가 완고하고 사리에 어두워서 원만한 해결이 어렵다면? 그럴 때 바로 원수를 공정하게 대하라는 가르침을 꺼내들어야 한다.

억지로 짜낸 선의의 미소

사람은 누구나 잘못을 한다. 그래서 우리는 시시때때로 자신을 다잡으며 똑같은 잘못을 두 번 저지르지 말자고 다짐한다. 이런 반성은 좋다. 타인에 대한 존중과 배려이기도 하다. 우리가 저지른 잘못이 주변 사람들에게 영향을 끼치고 문제를 일으킬 수도 있으니 말이다. 이렇게 생각해보자. 내가 돈을 빌리고 갚지 않으면 어떻게 될까? 보증인이 되어준 가족과 친구가 대신 빚을 갚아야 한다. 심할 경우 사채업자에게 협박을 당하기도 할 것이다. 그런 고통과 스트레스를 주변 사람들이 겪게 할 필요가 있을까? 그러니 잘못된 일을 하지 않아야 한다, 특히 같은 잘못을 거듭하지 않도록 신경 써야 한다.

그런데 나 혼자만 같은 잘못을 두 번 하지 않는 걸로 될까? 절대 그렇지 않다.

인간관계는 물론, 모든 상호작용에서는 나 자신을 존중하고 내가 설정한 경계선을 지키는 것이 더욱 중요하다. 나를 아프게 하고 깎아내리고 모욕한 사람이 두 번 다시 그런 짓을 할 수 없도록 해야 한다. 악인에게 관용을 베푸는 것은 악행을 조장하는 일이나 다름없다.

미소우울증을 앓는 사람 중 태반이 억압되어 있다. 마음속으로 불편과 고통, 스트레스를 느끼면서도 그 사실을 숨긴다. 자신을 때린 사람에게도 웃으면서 온화하게 대한다. 억지로 미소를 쥐어짜서 평화롭고 원만한 장면을 연출하는 것이다.

"그런 말을 꺼내면 서로 감정이 상할 테니까."

"그렇게 말하면 너무 심한 것 같아서."

"괜히 분위기만 이상해질 텐데 내가 참자."

"말을 꺼냈다가 사이가 나빠지면 안 돼."

이렇게 수천 가지 이유를 찾아내면서 상대방 입장에서 생각해준다. 타인의 무례함은 넘어가면서 자기 자신을 위해서는 한 번 더 생각하고 배려하지 않는 것이다. 그들 마음속에서는 자신을 기만하고 모욕한 타인이 더 중요한 것일까?

원수를 공정하게 대하는 것, 그것이 지혜다

공정함이란 무엇일까? 한마디로 말해서 규칙을 지키고 적절한 상태를 유지하는 것이다.

인간관계의 지혜 중 하나는 바로 서로 잘 맞으면 함께하고, 잘 안 맞으면 각자 갈 길을 가는 것이다. 사람들이 인간관계 때문에 힘들어하다가 심한 경우 우울증까지 생기는 이유는 잘 맞지 않는 사람들과 함께하기 때문이다.

인간관계에서 자기만의 선을 정해두지 않으면, 어떤 것이 적절한 태도인지 예의 바른 행동인지 확실하게 해두지 않으면, 타인이 선을 넘어 침범해오는 것을 제대로 인지하지 못할 수도 있다. 오히려 불편한 마음을 애써 무시하거나 상대방의 행동을 알아서 합리화해주기도 한다.

또는 '내가 나쁜 쪽으로만 생각하는 거야, 그 사람이 일부러 그런 것도 아니잖아', '내가 속이 좁아서 그런가?', '저 사람도 무언가 이유가 있을지 몰라' 같은 생각을 한다. 그러다 보면 저도 모르는 사이에 마음은 점점 미소우울증에 가까워지고, 어느 틈에 그 속에 빠져버려도 알지 못하게 된다.

타인의 잘못을 과하게 포용하지 마라

인간관계에서 정해두어야 하는 경계선이란 친한 사람에게도 동일하게 적용된다. 가족처럼 특별히 친밀한 관계라 할지라도 선을 넘어서는 안 된다. 어릴 때부터 매일 얼굴을 맞대고 지냈어도 지킬 것은 지켜야 한다.

유교사회에는 가족의 잘못을 감싸주어야 한다는 문화가 있다. '팔이 바깥으로 굽는다'라는 말에는 가족을 감싸지 않는다고 질책하는 의미가 담겨 있다. 말하자면, 가족을 좀 더 많이 포용하고, 잘못을 해도 못 본 척해줘야 한다는 것이다. 그런데 요즘은 "가장 사랑하는 사람이 가장 큰 상처를 준다"고들 이야기한다. 이 말에 공감하는 사람이 많으리라 생각한다.

인간관계에서는 규칙도 경계선도 명확하지 않은 상태에서 때에 따라 양보하거나 기준을 조정해서는 안 된다. 가까운 사람이라고 해서 무조건 감싸주면 잘못된 일이 쌓여도 나중에는 그것이 문제인 줄도 모르게 된다.

이것은 포용이 아니라 방임이다. 내 선을 침범한 그 사람은 절대 나쁜 태도를 고치지 않을 것이다.

나를 대하듯 타인을 대하고
타인도 그렇게 나를 대하게 하자

당신이 타인을 대할 때의 원칙과 타인이 당신을 대할 때의 원칙이 일치하는가? 그 원칙이 스스로 수용할 수 있는 수준인가?

남의 사생활이나 비밀을 파고들지 않고 타인의 선을 지켜주는 것은 훌륭한 태도다. 그런데 다른 사람도 당신을 그렇게 대해주는가? 그들의 방식을 당신은 즐겁게 받아줄 수 있는가?

인터넷에는 "못생긴 주제에 나가 죽어라" 또는 "너 같은 게 없어야 세상이 편안해진다" 같은 악플이 횡행한다. 현실 세계에서도 마찬가지다. 가족이나 친구들은 "왜 그렇게 까다롭니?", "스트레스에 너무 취약한 거 아니야?" 하며 걱정해주는 체하지만 사실은 상처를 주는 말을 한다. 그들은 당신의 사생활까지 침범하고, 말하고 싶지 않은 비밀까지 다 알아내려고 든다. 도움을 청하지도 않았는데 억지로 개입해서는 잘난 척 훈수를 두기도 한다. 특히 명절 때가 가장 심하다. 정말 머리가 아플 지경이다.

의미 없는 충고, 좋은 의도로 포장된 비난을 좋아하는 사람은 없다. 미소우울증 환자라면 더욱 그럴 것이다. 그들은 자기중심적인 조언과 별 도움이 되지 않는 호의를 받을 때 실제로는 불편하면서도 억지로 참고 웃는다. 그럴 때면 더 우울해진다.

우울증 환자가 극단적 선택을 하게 된 계기는 나중에 돌이켜보면 아주 사소한 것일 때가 많다. 우울증 때문에 작은 일을 부풀려서 받아들인다는 뜻이 아니다. 그때까지 부정적인 감정과 스트레스를 줄곧 억눌러왔는데 몸과 마음이 완전히 지친 상태에서 사소한 계기로 폭발한 것이다.

원수를 공정하게 대하라는 말을 다시 생각해보자. 타인에게도 나 자신에게도 좋은 사람이 되는 것이 지혜로운 삶의 태도다. 은혜에는 은혜로 갚고 원한에는 공정한 잣대를 들이대야 한다. 그렇게 한다고 해서 나쁜 사람이 되는 것이 아니다. 우선 나 자신을 존중하는 것이 중요하다.

부모의 기대에 부응해야 하는
조건부 애정을 거부하다

내 인생은 내 것이다

부모님에게 인정받고 싶은 걸까? 아니면 스스로 결정하지 못하는 걸까?

좋아하는 일을 찾지 못한 걸까? 아니면 삶을 책임질 용기가 없는 걸까?

언제부터인지 기억나지 않지만 '인생의 승리자'라는 말이 사람들 사이에서 유행했다. 그 말에는 부러움과 비교가 담겨 있다. 승리자란 일종의 상징이다. 학력과 사회적 지위가 높다는 뜻이다. 그들은 우수하고 똑똑하며 몸담은 영역에서 늘 활약하며 화제를 몰고 다닌다.

그런데 그들이라고 해서 마음속 깊은 곳에서부터 우러

나는 기쁨을 느끼며 살까? 그들이 종사하는 전문 영역은 그들이 진심으로 하고 싶은 일이나 타고난 재능과 열정으로 선택한 일일까? 이 질문에 대한 답은 '꼭 그렇지만도 않다'이다.

많은 인생의 승리자들이 부모가 시키는 대로, 미리 계획된 대로 어른이 된다. 그들은 규칙을 잘 지키는 모범생이며 어깨에는 부모의 기대라는 짐을 얹고 있는 경우가 많다.

부모의 기대는
자식의 목표가 된다

그렇다면 부모의 기대란 대개 어떤 것일까? 어릴 때는 학교 공부를 잘하고 어른들 말씀을 잘 듣고 친구들과 사이좋게 지내는 것이다. 어른이 되어 학교를 졸업하면 소위 철밥통이라고 부르는 인기 직업을 얻길 바란다. 부모들이 제일 좋아하는 직업은 '사'자가 붙는 의사, 변호사, 회계사다. 내가 학생이었을 때 최고의 직업은 교사였다. 이상적인 직업이 학교 선생님이니까 그 연장선상에서 사범대학 계열에 합격하는 것이 중요했다.

많은 사람들이 부모님의 기대를 이뤄내면, 그래서 부모

님 얼굴에서 피어나는 웃음을 보면 목표를 달성한 것이라고 생각한다. 그건 자식이라면 누구나 바라는 일이다. 우리 사회에서는 부모를 사랑하고 효도하는 방법이 부모의 자랑이 되고 명예가 되는 것이라고 가르친다.

하지만 부모의 기대에 부응한다는 것이 말처럼 쉬울까?

물론 쉽지 않다. 학창시절 같은 반에서 공부했던 여러 친구 중에서 1등을 했던 딱 한 사람이나 이룰 수 있는 일이다.

기대를 저버리면 부모님은
나를 사랑하지 않을까?

그래서 자식들은 이런 걱정을 한다. 부모님이 바라는 삶을 살지 못해도 사랑받을 수 있을까? 부모의 사랑은 조건부다. 어린아이가 성장해 어른이 되는 과정에서 이 사실을 깨달으면 상당히 큰 타격을 받는다. 부모의 기대에 부응하지 않으면 칭찬도 인정도 받지 못한다. 기대에 부응하는 것은 자식 입장에서는 사랑의 상징이자 표식이며, 또한 거듭해서 잔소리를 듣거나 재촉당하거나 야단 맞지 않을 조건이기도 하다.

그래서 많은 사람들이 아직 자신을 완전히 이해하지 못한 상태에서 부모가 바라는 것을 마땅히 해내야 하는 일로 내면화한다. 그 이후에 좋아하는 것과 싫어하는 것을 점점 더 분명히 알게 되더라도 부모의 지나친 개입, 부정, 비판 등을 맞닥뜨리면 오히려 자기 자신을 의심하고 내면의 바람을 믿지 않는 모습을 보인다.

　　이 과정에서 자식들은 끊임없이 경쟁하며 두려움과 불안을 느끼며 살아간다. 추월당할지 모른다, 부모가 바라는 목표를 못 이룰지도 모른다는 생각에 괴로워한다. 우울해도 여전히 미소 지을 수밖에 없는데, 그 이유는 스트레스를 주는 사람이 바로 부모이기 때문이다. 부모는 나를 위해주는 사람이며, 쉽게 잘못을 지적하거나 도전 또는 반항할 수 없는 존재다.

　　자, 이렇게 해서 자식들은 끝없이 노력해야 하는 길 위에 선다. 부모의 인정, 다시 말해 세상이 정의 내린 성공을 얻으려고 죽을 둥 살 둥 달려가야 한다. 당신이 혹시 그런 노력을 하고 있다면, 이런 생각을 해본 적이 있는지 묻고 싶다. 부모님은 점점 나이 드실 것이고, 언젠가는 당신 곁을 떠나실 게 분명하다. 만약 당신이 갈망하는 인정의 원천이 오직 부모님이라면 나중에 당신을 압박하면서 더 노력하라고 등떠미는 사람이 없어졌을 때, 그때는 어떻게 할 것인가? 아무도 당신을 인정해주지 않고 칭찬해주지 않을 텐데 말이다.

출발선에서 이기고
반환점에서 죽다

우울증을 앓는 사람은 전부 뛰어난 사람이 되기를 바랐던 이들이다. 뛰어나다는 말로는 조금 부족한 것 같다. 대단한 사람이라고 표현하는 것이 더 정확하겠다.

사실 우습기도 하고 안타깝기도 한 일인데 자식이 공부를 잘하고 각종 시험에서 좋은 성적을 거둘수록 부모는 채찍을 휘두른다(일종의 비유지만 좀 심한 표현일지도 모르겠다). 더 노력해라, 더 위로 올라가라고 요구하는 것이다. 부모 역시 선택적으로 재능 없는 자식은 포기할 수 있다. 그런데 자식이 생각보다 뛰어나서 3등을 했다면 다음에는 1등을 하기를 바라게 되고, 한 번 1등을 하면 매번 1등을 하기를 바라게 된다. 한 걸음도 뒤로 물러나려고 하지 않는다.

학생들이 투신자살했다는 뉴스가 종종 들려온다. 어른이든 청소년이든 거의 모든 사람이 "부모님은 날 이해하지 못해"라고 생각해본 적이 있을 것이다. 그런데 부모님은 사실 자기 자신조차 제대로 이해해본 적이 없다.

죽기 직전에야 젊은 시절 자식에게 너무 큰 스트레스를 주었다고 후회하는 부모가 많다. 자신의 그런 태도 때문에 부모 자식 사이가 멀어졌다고 안타까워하기도 한다. 또는 자식이 진학에 대한 부담감을 이기지 못하고 자살이라는 극단적 선택을 하고 나서야 후회한다. '내가 이루지 못한 꿈을 강요하지 말았어야 했다', '시간을 되돌릴 수 있다면 아이가 건강하고 무탈하게 자라기만을 바랄 것이다' 하고 말이다.

인생의 조종간은 내가 잡아야 한다

부모님의 의견은 분명히 참고할 만한 가치가 있다. 어쨌든 부모님이 자식보다 더 긴 세월을 살아왔고 세상에 대해서 더 잘 아실 테니 말이다. 하지만 부모의 경험이 더 많다는 것도 자식이 아직 어려서 독립할 능력이 없을 때나 그렇다. 자식은 언젠가 어른이 되어 부모를 뛰어넘는 경험을 쌓고 자신만의 넓은 시야를 갖게 된다.

부모의 인정도 중요하지만 나 자신이 좋아하는 것과 바라는 것도 중요하다. 내가 진짜로 하고 싶은 일이 무엇일까? 사실 이 질문에 대해 진지하게 생각해본 적이 없을지도 모

3장 나에게 슬픔을 허락할 권리

른다.

왜냐하면 스스로 하고 싶다고 정한 것이 아닐 때는 실패하더라도 자기 잘못이 아니라고 말할 수 있기 때문이다. 내가 결정한 일은 전부 내 책임이다. 아무도 등 떠밀며 강요하지 않았으니 말이다. 예를 들어 내가 선택한 길이 많은 사람들이 보편적으로 고르는 길이 아니라면 어떨까? 참고할 선배도 없고 성공한 사례도 많지 않다면? 그럴 때 우리는 결국 안전벨트를 매고 부모님이 정해둔 대로 좀 더 많은 사람들이 걸었던 길을 가지 않을까?

부모님이 생각을 바꾸셨든 세상을 떠나셨든 간에, 부모님이 더 이상 우리를 통제하지 않는 때가 오면 그때 자식인 우리는 대개 중년의 나이가 되었을 것이다. 그때부터 내면의 갈망을 직시하고 꼭 하고 싶었던 일을 찾으려고 해도 체력이 부족해서 행동으로 옮기기 어려운 경우가 많다. 또는 인생에서 짊어져야 할 다른 책임에 매여서 원하는 대로 살 수 없을 수도 있다. 예를 들어 결혼하고 아이를 낳았다면, 부양해야 하는 가족이 있다는 것이 발목을 잡는 요소가 되기도 한다. 이럴 때 사람들은 점점 더 우울해지는데, 인생에서 한 번 또 한 번 거듭해서 양보만 해야 하기 때문이다.

부모의 기대를 지나쳐 가는 것이
삶에서 가장 중요한 숙제다

부모의 소원은 그 어떤 신통력을 가진 존재라도 이뤄주지 못한다. 그런데 자식이라고 그 소원을 들어드리겠다고 애쓸 필요가 있을까? 세상의 모든 자식은 부모의 기대를 지나쳐 가는 방법을 배워야 하는지도 모른다.

부모의 바람을 그냥 지나치자. 부모의 인생과 내 인생은 각자의 것이다. 부모님이 원한다고 해서 무조건 다 들어드릴 수는 없다. 그렇게 하겠다고 자기 인생을 구속하거나 우울감에 빠져들면 안 된다.

당신은 존재 그 자체로 가치 있다는 것을 잊지 마라. 효도 문화의 피해자로 살지 말자. 세상에 태어난 아이는 전부 축복받은 존재다. 모든 생명은 태어나는 순간부터 가치 있으며 그 가치를 따로 증명할 필요가 없다.

거울에 자신을 비춰보자. 그리고 거울 속의 나를 꼼꼼히 살펴보자. "나는 이미 어른이다." 그 사실을 눈으로 확인하고 마음으로 인정하자. 나 자신의 힘으로, 내가 진정 원하는 모습이 될 수 있다고 믿자.

자신을 인지하는 일이 중요하다.
마트료시카 인형처럼 또는 양파처럼
몇 겹씩 덮여 있는 자기 내면 깊은 곳의
진짜 감정, 생각을 관찰해야 한다.

자신에게 이런 질문을 던져보자.
내 감정이 하나인가,
아니면 복잡하고 다양한 감정이
동시에 존재하는가?
감정이 짧게 유지되다가 사라지는가,
아니면 좀 더 길게 이어지는가?
좋다고 느낄 때 정말로 좋은 것이 맞는가?

미소우울증의
의학적 원인에 대하여

**신경가소성을 믿으면
나아질 수 있다**

우울증의 원인에 관해서는 의견이 분분하다. 접근하는 시각에 따라 연구 결과도 다양하다. 우울증 환자의 약물 치료 결과도 이와 비슷하다. 어떤 환자는 항우울제를 투여한 뒤 경과가 아주 좋지만, 반대로 명확한 효과를 보이지 않는 경우에는 약물의 종류와 용량을 계속 조절해야 한다.

이때 닭이 먼저냐 달걀이 먼저냐 같은 문제가 생긴다.

생리적인 문제가 생긴 뒤에 우울 정서가 나타나는 것일까? 아니면 장기적인 우울감이 생리적인 방면에 영향을 끼쳐서 문제를 일으키는 것일까?

우울증이 전부
생리적인 문제 때문은 아니다

우울증은 왜 생길까? 흔히들 대뇌에 세로토닌
serotonin이 부족해서 그렇다고 한다. 또는 우울증과 관련된 유
전자 '-5HTT'를 원인으로 꼽기도 한다. 우울증 환자의 대
뇌를 단층 촬영한 연구에서는 몇몇 부위의 반응은 과도하게
활발한데 몇몇 부위의 반응은 눈에 띄게 부족하다는 결과가
나오기도 했다.

그 밖에 우울증 발병에 영향을 주는 부분으로는 대뇌
편도체, 시상하부, 전대상피질이 있다. 편도체는 외부 위협
의 자극과 관련이 있고, 시상하부는 식욕 및 성욕과 관련이
있으며, 전대상피질은 부정적 감정 및 공감능력과 관련이
있다.

우울증 발병이 생리적 요인의 영향을 받는다는 사실에
는 다들 동의한다. 하지만 원인이 생리적 요인에만 있다고
생각해서는 안 된다. 그렇게 생각할 경우 다음과 같은 세 가
지 문제가 생긴다.

먼저 생리적 측면만 생각하면 개인의 능력으로는 상황
을 변화시킬 수 없고 약물 치료 또는 수술 등을 통해서만 우
울증을 해결할 수 있다고 여기기 쉽다. 개인의 심리 상태나

사회문화의 영향 등을 무시하고, 생리적, 심리적, 사회적 세 가지 요소가 동시에 작용한다는 사실을 간과하게 된다.

두 번째로 위와 같은 생각은 약물 의존 및 중독으로 이어질 수 있다. 평생 약을 먹고 싶은 사람은 없겠지만, 동시에 사람은 편리한 방식을 선호한다. 인생의 과제를 직시하고 고민하는 것보다는 약을 먹는 게 쉽다. 시간과 노력을 쏟아서 스스로 우울증의 원인을 찾기란 어려운 일이다. 우울증의 원인에는 원가족 문제, 병적인 사회문화와 왜곡된 가치관에 의한 스트레스 등이 있다. 또는 사고방식과 성격 특성, 행동 패턴이 원인이 되어 인간관계나 업무 처리, 감정 조절 등에서 안 좋은 결과를 낳기도 한다. 이런 태도와 행동, 사고방식은 전부 학습과 훈련을 통해 바뀔 수 있다.

마지막 문제는 우울증을 생리적인 문제로 못 박으면 환자에게 더 큰 무력감과 절망을 주고 우울증이 심해지는 결과를 낳을 수 있다는 사실이다. 아무도 자신의 머리를 직접 열어서 그 속의 구조를 수정할 수는 없다. 대뇌의 시냅스와 신경전달물질을 마음대로 조종하는 것도 불가능하다. 우울증 환자의 특징은 스스로 할 수 있는 일이 없다고 느끼고 절망하는 것인데, 우울증이 자기 힘으로 고칠 수 없는 뇌의 문제라는 생각은 무력감을 더해줄 뿐이다.

생명력을 높이고
행복해지는 능력

사람은 누구나 유전자의 영향을 받는다. 그래서 타고난 피부색이 다 다르다. 하지만 유전자는 환경 요인과 함께 작용한다는 것을 잊으면 안 된다. 흰 피부를 타고났다고 해서 햇볕에 그을리지 않는 것은 아니다. 우울증에 걸리기 쉬운 유전자를 가지고 태어났다고 해서 반드시 우울증에 걸리는 것도 아니다.

우울증 발병에는 기폭제가 되는 사건이 있기 마련이다. 처음에는 사소하게 여겼던 사건, 견딜 수 있다고 생각했던 일이 우울증의 기폭제가 되기도 한다. 아무렇지 않다고 착각하고 문제를 소홀하게 다루기 때문에 더 우울증으로 이어지기 쉽다. 또는 아무런 징조도 없었는데 갑자기 가족의 죽음, 실직, 이혼, 배우자의 외도 등 큰 사건을 겪으면서 스트레스 한계치를 넘겨 우울증이 나타나기도 한다.

대니얼 시겔Daniel Siegel 박사는 대인신경생물학Interpersonal neurobiology의 시각에서 마인드사이트Mindsight라는 개념을 제시했다. 마인드사이트란 자신과 타인의 마음을 돌이켜 생각하는 능력을 가리킨다. 다시 말해서 우리 삶의 조절 메커니즘인 마음과 공유 메커니즘인 인간관계와 신경 메커니즘인 대뇌를 인지할 수 있는 힘이다.

　대니얼 시겔 박사는 저서《마음을 여는 기술Mindsight》에서 몸과 마음의 건강을 지탱하는 세 가지 요소로 인간관계, 마음, 대뇌를 꼽았다. 우선 인간관계 경험을 새롭게 정립하는 과정을 통해 의식적으로 좋은 인간관계 경험을 쌓고, 부정적인 인간관계의 악순환을 끊는 연습이 필요하다. 또한 뉴런을 연결하는 시냅스를 늘리고 강화시켜 삶의 원동력이 강해지고 행복해지는 능력을 키워야 한다.

　위 책에서는 대뇌 전두엽 피질이 신체 조절, 소통, 정서 균형, 탄력적 반응, 공포 조절, 공감, 추론, 도덕의식, 직감의 아홉 가지 기능을 가진다고 언급한다. 직감을 제외한 여덟 가지 기능은 심신 건강과 관련 있는 것으로, 신체적으로나 정신적으로 건강해지는 데 도움이 되는 지표다. 연구 결과에 따르면 충분히 아끼고 사랑하며 안정감을 느끼는 부모 자식 사이에서도 이와 같은 효과가 나타난다고 한다.

주의력을 집중하여
시냅스를 형성하자

《몸은 기억한다The Body Keeps the Score》라는 책을

쓴 의사, 베셀 반 데어 콜크Bessel van der Kolk도 신경학을 기초로 심리적 상처가 대뇌를 새롭게 형성한다는 사실을 설명한 바 있다. 심리적으로 큰 상처를 입은 사람이 계속해서 삶을 유지하고 상처를 극복하려고 해도 부정적 경험은 고장 난 경보기처럼 끊임없이 경고 신호를 내보낸다. 이런 상황은 개인의 이성으로 조절할 수 없는 경우가 많다. 과거의 심리적 상처가 사라지지 않고 계속해서 다시 떠오르는 것이다. 그렇지만 콜크 박사는 **신경가소성**neuroplasticity(성장과 재조직을 **통해 뇌가 스스로 신경 회로를 바꾸는 능력 — 옮긴이)을 활용하면 심리적 상처가 대뇌를 포함하여 우리 신체에 남긴 흔적을 없앨 수 있다고 설명한다.**

신경가소성은 우리가 새로운 경험을 할 경우 대뇌에서 시냅스를 형성하고 신경망을 자극하고 성장시킨다는 것을 의미한다. 신경가소성을 활용하는 방법은 주의력을 집중하는 것이다. 주의력을 집중하면 특정한 신경통로가 가동하며 가동된 신경세포들은 서로 연결되어 시냅스를 형성한다. 우리가 어떤 곳에 주의력을 최대한 집중할 경우 해당하는 신경통로가 자극을 받고 가동된다. 그 순간 신경세포가 가동될 뿐 아니라 지속적인 훈련을 통해서 신경세포를 강화하는 것도 가능하다.

바꿔 말하자면 우리는 스스로 삶의 원동력을 더 강력하

게 만들 수 있다. 대뇌에서 우울증과 관련된 부분을 개선하고 즐거움을 느끼는 능력을 향상시키면 된다. 반대로 주의력을 집중하지 않으면 삶의 원동력이 깎여나갈 수도 있다. 우울이 깊어지거나 즐거움을 느끼는 능력이 감퇴하는 것도 가능하니 말이다.

경험은 우리에게 영향을 끼치지만,
반대로 우리가 경험을 창조하는 것도
가능하다

우리는 새로운 경험을 통해서 시냅스를 새로 형성하고 신경조직을 바꿀 수 있다.

잔인하게 학대당한 경험도 우호적인 대우를 받은 경험도 다 경험이다. 이런 경험이 우리 대뇌 속 신경세포의 가동과 연결에 영향을 끼친다. 인간관계 속에서 늘 분노, 원망, 불안, 우울 등을 느낀다면 그와 관련한 신경세포 연결망이 가동되고 강화되면서 그 사람의 뇌는 점점 더 부정적 감정이 쉽게 나타나는 쪽으로 변할 것이다. 이어서 자신감과 자존감이 하락하고 자기가치감이 떨어질 수도 있다.

그래서 우리는 능동적으로 건강한 인간관계를 형성하

고 자신에게 유해한 경험은 어떤 것이든 멀리하려고 노력해야 한다. 자신의 주의력을 부정적인 인간관계나 그로 인한 경험에 집중해서는 안 된다는 말이다. 타인에게 억압받고 모욕받거나, 내가 아니라 남의 입장을 우선해야 하는 상황을 거부해야 한다.

인생에서 경험하는 모든 인간관계는 신경 체계에 영향을 준다. 인식하지 못하는 사이에 신경 회로가 새롭게 조직되기도 한다. 눈에 보이지 않지만 오랫동안 깊은 영향을 준다. 그래서 태어나고 자란 원가족 안에서 신체적 학대 또는 정신적 폭력을 당한 어린아이는 성인이 된 뒤에 점차 감정이 조절되지 않는 등 각종 심리적 문제를 겪기 쉽다. 그런데 어린 시절의 폭력과 상처를 자식에게 물려주는 사람이 있는가 하면 이와 같은 비극을 끝내고 우울증에 빠지지 않는 사람도 있다. 이런 차이는 어디서 오는 걸까?

이 문제에 대해서는 더 많은 요인을 두고 지속적으로 논의해야 한다. 개인의 심리적 특성이나 성인이 된 이후에 경험한 일이 영향을 줬을 수도 있고, 사회 거시 환경의 변화가 큰 전환점이 되었을 수도 있다.

신경가소성이라는 개념을 통해 우리는 살면서 쌓는 새로운 경험으로 대뇌의 신경연결망을 바꿀 수 있다는 사실을 알았다. 말하자면 우울증은 치료될 수 있다. 미소우울증과 작별할 수 있다.

눈에 보이지 않는, 그리고 내 힘으로 어쩔 수 없는 운명 또는 신경전달물질이나 문제를 일으킨 대뇌 부위 같은 것들에 제약받지 않을 수 있다. 우울증이 오직 생리적 원인에 의한 것이라면 약물과 수술 외에는 방법이 없을 것이다. 그도 아니라면 신에게 도움을 청하거나 운명을 바꾸기 위해 이사 또는 개명을 하는 방법 밖에 없을 것이다.

하지만 우리는 각자 자기 자신의 스승이자 의사이며 심리상담사다. 물론 이것은 비유적인 표현일 뿐이지만 어쨌든 우울증 문제를 개선하는 데에 있어서 우리 스스로 노력할 수 있는 부분이 분명히 있다.

감정은 자기 하기 나름이고 인생 역시 그렇다. 오래된 격언을 빌려 말하자면, 계속해서 배우고 연습해야 한다.

공감능력이 뛰어나고
예민한 사람의 미소우울증

**내 마음을 관찰하고
이해하라**

완링위阮玲玉는 1930년대에 활약했던 중국의 영화배우
다. 연애와 결혼 등으로 여러 차례 풍파를 겪은 데다가 악의
적인 소문까지 따라다녀 "사람들의 말이 무섭다"라는 유언
을 남기고 자살했다. 그때가 겨우 스물다섯 살이었다.

완링위가 그때로부터 90년이 지난 현재에 살고 있다면
어떨까? 여전히 마음속에 고통은 남아 있겠지만 예전처럼
외롭지는 않을 것이다. 지금은 그녀와 비슷한 경험을 가진
사람이 훨씬 많으니까 말이다.

인터넷 시대인 지금은 클릭 한 번이면 어떤 정보든 세
상에 퍼뜨릴 수 있다. 전 세계 어느 곳에서 일어나는 어떤

일이든 다 알릴 수 있다. 심지어 사람들은 그 정보의 출처를 얼마나 신뢰할 수 있는지도 따지지 않는다. 자극적이고 누군가에게 상처를 주는 소식일수록 전파 속도가 빠르다. 검증도 거치지 않고 지켜야 할 선도 없다. 사람들은 이런 인터넷상의 악의적인 행동을 그저 방관할 뿐이다. 방관하지 않으면 동참한다.

유명인사든 평범한 사람이든 이런 외부 스트레스를 견딜 수 있는 사람이 얼마나 될까? 악의적인 공격에 맞서 싸울 수 있거나 마음에 단단한 벽을 두르고 방어할 수 있는 사람이 존재할까? 그럴 수 있는 사람은 거의 없다. 사람에 따라서는 이런 스트레스에 특히 취약한 경우도 있는데 그런 사람이 느끼는 고통은 더욱 심할 것이다.

당신은 스트레스에 민감한 편인가?

민감한 사람Highly sensitive people이라는 말을 들어본 적이 있는가? 심리학자 일레인 아론Elaine Aron이 제시한 용어다. 이와 관련해 엠패스Empath(초민감자)라는 용어가 있다. 이 개념은 의학 박사인 주디스 올로프Judith Orloff가 제시했다.

엠패스는 일레인 아론이 말하는 민감한 사람과 특징이 비슷하다. 자극에 쉽게 영향을 받기 때문에 혼자 보내는 시간이 특별히 필요하다. 소리, 냄새, 빛, 접촉, 온도 등에 특히 예민하고 사람이 많은 곳을 싫어한다. 대다수의 사람들과 비교할 때 엠패스는 편안하게 휴식하는 상태로 들어가는 데 시간이 많이 걸린다. 이런 엠패스의 예민함은 민감한 수준에서 더 나아가 타인의 감각을 자기 것처럼 느낄 정도다. 그들은 타인의 감정, 고통스러운 경험, 각종 신체 감각을 자신이 직접 경험하는 것처럼 받아들인다. 그래서 그 감각이 자신의 괴로움인지 타인의 고통인지 잘 구분하지 못하기도 한다.

이런 특징 때문에 몹시 피곤해지지만 어떤 면에서는 재능이라고도 할 수 있다. 다른 이들보다 타인의 감정에 민감하기에 더 많은 관심과 배려를 보여주는 것이다.

본인도 엠패스였던 주디스 올로프 박사는 엠패스의 경우 타인의 부정적인 에너지를 아주 쉽게 흡수한다고 말한다. 예를 들어 그들 주변에 화를 잘 내는 사람이 있다면 정서적 폭력이나 악의적인 말, 고함치는 행동 등 스트레스를 불러일으키는 상황에서 남보다 더 큰 고통을 느끼며 몸과 마음이 쉽게 지친다.

민감하다는 것은
특징이자 재능이다

민감한 사람이든 엠패스든 이들은 스펀지처럼 어떤 자극이든 쉽게 흡수한다. 이런 특징을 가졌다고 알려진 유명인사로는 짐 캐리, 니콜 키드먼, 위노나 라이더, 링컨 대통령, 다이애나 왕세자비 등이 있다.

외국의 연구 결과에 따르면 미소우울증은 코미디 배우에게서 많이 나타난다. 예술계 종사자는 높은 민감성을 가졌거나 엠패스인 경우가 많다. 이런 특징은 어떤 면에서 볼 때 재능이라고도 할 수 있는데 예술가들이 창의적인 작품을 내놓는 데 도움이 되기 때문이다. 이런 사람들은 일상생활 속 아주 사소한 부분에서 예술적 실마리를 발견하거나 드넓은 세계에 숨겨진 아름다움을 알아보곤 한다. 소리, 빛, 냄새, 타인의 인생 이야기 등 다양한 요소가 그들 손을 거치면 희곡, 소설, 그림 등으로 재탄생하는 것이다.

그러나 이처럼 섬세하고 깊은 감각은 쉽게 우울증으로 이어진다. 이 세상에는 아름다움만 있지 않고 추악함도 존재하기 때문이다. 남들보다 추악한 것들을 더 잘 알아차린다면 더 자주 상처받을 수밖에 없다. 그들은 빛과 어둠, 선과 악을 전부 받아들이고 흡수하여 자신의 일부분으로 만든다.

3장 나에게 슬픔을 허락할 권리

이런 것들이 다 그들의 몸과 마음을 자극하는 요소이자 감정 기복을 일으키는 스트레스로 작용할 수 있다.

정서전이를 가볍게
생각하지 마라

정서전이Emotional contagion를 별것 아니라고 치부하면 안 된다.

보통 사람들은 자신이 속한 그룹 안에서 타인이 느끼는 강렬한 감정에 쉽게 동화된다. 여러 사람이 모여서 일하는 큰 사무실을 상상해보자. 갑자기 한 사람이 버럭 화를 내면서 의자를 바닥에 내팽개친다면 어떨까? 근처에 앉아 있던 동료 직원들은 모두 충격을 받거나 공포를 느낄 것이다. 그 사람의 분노가 주변 사람들에게 전이될 것이다. 그중 민감한 특성을 가진 사람은 이때 느낀 충격이 주는 자극과 스트레스가 다른 이들보다 길게 유지된다. 또한 부모가 걸핏하면 싸우는 가정에서 자란 아이는 그런 순간마다 불쾌감, 긴장감, 불안, 공포 등을 강하게 느낀다.

이처럼 정서전이가 불러오는 연쇄 반응을 멈추려면 보통 사람이든 민감한 사람이든 자신을 관찰하고 일깨우는 연습을 계속해야 한다.

정서전이를 멈추려면
어떻게 해야 할까?

긍정적인 사람을 곁에 두고, 부정적 에너지에 휩쓸려 소모되는 것을 최대한 피해야 한다.

또한 내면을 충분히 관찰하고, 주변의 어떤 사람과 사물이 내 정서에 심한 자극을 주어 불안과 공포를 불러일으키는지 구분하는 연습이 필요하다. 그런 사람이나 사물과는 최대한 거리를 두는 것이 좋다. 예의를 지키느라 억지로 견디라고 나 자신에게 강요해서는 안 된다.

우선 고품질의 고독이 필요하다. 여기서 말하는 고독이란 방 안에 혼자 있으면서 타인의 악의적 비판과 공격 등을 되새김질하는 것이 아니다. 그런데 우울증 환자들에게서 이런 모습이 자주 나타난다. 그들은 자신을 불편하게 했던 사람과 환경에서 벗어나 집에 돌아가서도 정신적으로는 그때의 상황 속에 침잠해 있다. 그렇게 하면 같은 자극이 반복적으로 주어지는 것이나 다름없다. 심지어 지나간 상황을 다시 떠올리는 것도 모자라 가장 나쁜 결과를 상상하면서 아직 닥치지 않은 일까지 상상하기도 한다. 괜히 허튼 생각을 이어간다.

그러고는 자신이 쓸모없고 능력 없다고 느낀다. 자신을 괴롭히는 문제를 좋은 쪽으로 끌고 갈 힘이 없다고 생각하면서 실패를 기정사실화한다. 나아가서는 그 실패로 인해 다른 사람들이 자신을 업신여기거나 웃음거리로 전락시킬 것이라는 식으로 생각을 부풀린다. 실제로는 일어나지 않은 일인데, 이미 벌어진 일이나 반드시 벌어질 일처럼 생각한다.

고품질의 고독이란 이메일, 메신저, SNS, 전화는 물론이고 타인의 말소리나 일상 소음에서 멀리 떨어져서 마음이 완전히 편안해진 상태여야 하며 그런 상태로 자신의 내면과 연결되는 순간이어야 한다.

그렇게 내면을 들여다보면 자신이 느끼는 공포 중 얼마나 많은 부분이 실제가 아닌 상상에 불과한지를 알게 된다. 해결할 수 없을 만큼 어렵다고 생각했던 문제도 대개는 혼자서 지레 그럴 거라고 가정했던 것뿐이다. 찬찬히 생각해보면 내게는 문제를 해결하기 위해 활용할 수 있는 것들, 믿을 만한 친구들이 많다. 나 혼자 고민할 것이 아니라 도움을 청할 수도 있었는데 그러지 않았다는 것도 깨닫게 된다. 또한 자신에게 아직 발휘하지 못한 잠재력이 많다는 것도 발견하게 될 것이다.

이와 함께 중요한 것이 수면과 밀도 높은 휴식이다. 피곤할수록 자극이나 스트레스 등 외부의 부정적 에너지를 쉽게 흡수하게 되고 그러면 부정적 에너지 때문에 더욱 피곤이 가중되는 악순환에 빠진다. 그러니 낮 시간에도 중간 중간 짧게 휴식을 취하는 것이 중요하다. 꼭 밤에만 자야 한다는 생각을 버려라. 몸은 우리에게 가장 좋은 선생님이다. 마음속 목소리에도 귀를 기울여야 하지만 동시에 내 몸이 지금은 쉬어야 할 때라고 알려주는 정보도 잘 받아들일 수 있어야 한다.

미래를 확장할 수 있다는
믿음이 중요하다

**과거의 부정적인 경험에서
벗어나라**

과거에 머물러 있는 사람은 미소우울증과 거리가 가까울까, 아니면 멀까?

과거의 경험이란 그리움과 따뜻함으로 다가오기도 하지만 한편으로는 우리를 옭아매는 족쇄가 되기도 한다. 과거는 이미 죽은 것, 정체된 것이기 때문이다.

공부하고 성장하면서 과거의 부정적인 경험을 완전히 새롭게 바꿔 쓰지 않는다면 여전히 그 경험으로 괴로울 수 있다. 게다가 과거의 부정적 경험만이 나를 괴롭히는 것이 아니다. 과거의 좋았던 경험도 지금에 와서는 고통의 원인이 될 수 있다. 예전에 누렸던 행복과 성공이 다 지나간 과거고 다시는 그런 경험을 하기 힘들다고 생각하는 것 역시 괴로운 일이기 때문이다.

과거를 지나가게 두어야 미래가 온다

대만에서 한동안 이런 말이 유행했다. "사람은 여든이 되어서야 땅에 묻히지만 사실은 서른 살에 이미 죽었다." 말하자면 매일 똑같은 일상을 반복하면서 걸어 다니는 시체처럼 살았다는 뜻이다. 우리는 과거의 경험에 갇혀 산다. 대부분의 시간과 정신력, 주의력을 기억하고 후회하는데 쏟는다. 그러면 현재의 생활은 재미없는 것이 된다. 미래를 상상해보아도 더 나아지는 것은 없고 점점 나빠질 것만 떠오른다.

우리는 현재를 바탕으로 미래를 추측하는 데 익숙하다. 점점 나이 들 것이고, 주변 사람들은 하나둘 세상을 떠날 것이다. 친구들과도 멀어질 테고 직장도 언젠가는 떠나야 한다……. 할 수 있는 가장 좋은 상상이란 현재 상태를 유지하는 것인데 그것마저 오래 유지하지는 못할 것이라고 두려워한다. 인공지능 시대가 도래했다는 뉴스로 세상이 떠들썩했을 때 인공지능에 관심을 가지는 사람이 많았다. 그런데 그들 중 대다수가 심하게 불안해하거나 우울을 느꼈다고 한다. 처음에는 자신의 일이 언젠가는 로봇에게 빼앗길 것이라는 불안이었다. 그렇게 되면 어떻게 살아야 할까? 이렇게 말하는 사람도 있었다. "늙은 개는 새로운 재주를 익히지 못한다는 말도 있는데, 내가 이 나이에 인공지능인지 뭔지에 익숙해질까? 바뀐 세상에 적응할 수 있을까?" 생각할수록 불안하고 막막하다. 그러다 보면 우울증이 온다.

무엇이든 확장할 수 있다는 믿음

자기 자신에 대해서 그리고 미래에 대해서 확장할 수 있다는 믿음을 갖고 있지 않으면 말 그대로 감옥에 갇혀 있는 것과 다를 바가 없다. 그렇다면 무엇을 확장해야 할까?

먼저 능력을 확장하라. 자신에게 훨씬 더 큰 잠재력이 있다고 믿어라. 그 잠재력을 발휘하기만 하면 미래가 어떻게 변화하든 충분히 대응할 수 있다고 믿어야 한다.

미래를 확장하는 상상도 필요하다. 인생에 리스크만 있다는 생각을 버려라. 살다 보면 좋은 일도 생기기 마련이다.

위기가 닥쳐도 기회로 바꾸면 될 일이다. 이런 사고방식으로 자신을 지탱하지 못하면 너무 많은 정보가 쏟아지는 현대사회에서 자신이 몇 겹으로 포위되어 있다는 느낌을 받을 수밖에 없다. 희망찬 미래를 볼 수 없기 때문에 우울증으로 힘들어하는 것과 비슷한 상황이 될 것이다.

몇 년 전 일이다. 당시 집으로 가는 버스 편이 많지 않아서 택시로 어느 정도 이동한 다음 버스로 갈아타곤 했다. 어느 날 퇴근길에 50대 아주머니인 택시 운전사를 만났다. 원래는 미용사였는데 월세는 점점 비싸지고 인건비 등 비용도 많이 올라서 미용실을 유지할 수 없었단다. 미용실을 닫고 택시 운전을 시작한 지 2년째지만 아직도 모르는 길이 많으니 양해해달라고 했다.

미용사와 택시 운전사는 완전히 다른 직업군이다. 고객층도 다르고 업계 문화나 업무 규칙도 다르다. 게다가 쉰 살이 넘어서 새로운 일을 시작했다고 하니 대단하다는 생각이 들었다. 그날 택시를 타고 가는 동안 기사님과 이런저런 대화를 나누었는데, 그분이 어떤 생각을 거쳐서 택시 운전사라는 새 직업을 선택하게 되었는지 많은 이야기를 들을 수 있었다. 운전을 배우고, 택시 면허를 따고, 손님을 태워 목적지까지 가는 모든 일을 다 처음부터 시작해야 했다. 마지막에 그분이 웃으면서 이렇게 말했다. "늙어서도 계속 배워야 해요. 그래야 늙어도 제대로 사는 거지요."

그 한마디 때문에 나는 그 50대 택시 운전사를 평생 기억할 것 같다.

나이 들어서도
계속 배운다는 것

정말 멋지고 현실적인 인생의 지혜다. 나이 들어서도 매일매일 새로운 것을 배우면서 현재형으로 살아야 한다. 진지하게 하루하루를 잘 보내다 보면 거듭해서 떠오르던 과거의 일 중 태반이 사라질 것이다. 매일 몰랐던 것을 배우고 도전하며 신선한 사건과 새로운 자극을 얻다 보면 학창시절을 계속 생각할 겨를이 없어질 테니 말이다.

디팩 초프라Deepak Chopra는 저서《성공을 부르는 일곱 가지 영적 법칙The seven spiritual laws of success》에서 인간의 집착은 빈약한 의식에서 나온다고 했다. 우리가 집착하는 것은 전부 상징성을 띠는 부호라고도 했다.

무엇을 향한 집착일까? 제일 먼저 떠오른 것은 성공과 완벽이었다. 성공과 완벽 역시 상징이다. 개인과 사회가 같이 구성한 상징이다. 차이점이 있다면 어떤 사람은 틀을 깨고 나와서 반문을 하고 다른 사람은 그 상징을 고스란히 받아들여서 내면화한다는 것뿐이다. 집착은 내재된 결핍에서 비롯된다. 나의 능력, 역할, 가치, 삶의 의의 등이 좁고 제한적일 때 생긴다.

미래를 확장할 수 있다는 신념을 가지지 못할 경우 내재된 결핍은 우리 자신의 협소하고 편향된 세계에 집중된다. 지금 가지지 못한 것, 아직 많이 부족한 것, 그리고 '지금 하지 못하는 일은 앞으로도 할 수 없다'라는 생각에 빠지기 쉽다.

한 사람의 내면이 메마르고 척박하면 더 많은 것을 가지고 싶어진다. 그래야 안정감을 얻을 수 있기 때문이다. 그런 사람에게 미래의 모든 것은 위협이자 근심이며 그럴수록 불안과 우울이 강해진다.

믿음이 있으면
해결책이 보인다

생각을 바꾸라는 말은 다들 들어보았을 것이다. 생각을 바꾸려고 시도해본 사람도 많을 것이다. 하지만 생각을 바꾸려는 시도가 효과적이지 않은 경우도 있다. 무엇이 문제일까?

생각을 바꾼다고 하면 대부분 사고방식의 변화를 떠올린다. 사고방식을 긍정적인 방향으로 변화시키면 행동도 바뀔 거라고 생각한다. 그런데 사람의 인지, 사고방식 등은 잘 바뀌지 않는다. 사람마다 굳어진 생각과 고집스러운 마음이 있고, 어떻게 해야 옳은지 다 알고 있다고 믿는다. 게다가 알고 있는 것과 실천하는 것은 별개다. 그 둘은 정말 하늘과 땅 차이다.

그래서 "바보에게는 바보의 행운이 있다", "영리한 사람은 영리해서 실수한다"라는 말이 유행하는 모양이다. 이러니저러니 따지지 않고 행동부터 하는 사람이 더 많이 고치고 더 빨리 발전하는 것도 이 때문이다.

고통을 완결하다

원가족 상처를 분석하는 심리학 책이 많이 나와 있다. 그만큼 성장 과정에서 경험한 일이 우리에게 큰 영향을 미칠 뿐 아니라 심한 경우에는 계속 그 일에 얽매여 살기도 한다. 그렇지만 이 책에서는 좀 다른 이야기를 해보려고 한다.

우리는 과거의 영향을 받지만 과거에 의해 결정되지 않는다. 지금이 바로 변화의 시작이자 전환의 타이밍이다. 지금 우리가 가지고 있는 모든 생각이 미래에 영향을 주고 변화를 일으킨다. 왼쪽으로 방향을 틀어서 만난 사람과 오른쪽으로 방향을 틀어서 만난 사람은 다를 것이다. 다만 원래의 자리에서 움직이지 않는다면 예전에 있었던 일이 똑같이 되풀이된다.

미래를 확장할 수 있다는 신념을 가지고 있다면, 한 걸음만 앞으로 내디뎌보자. 그곳에는 미지의 가능성이 있을 것이다. 과거의 경험은 반복되지 않을 것이다. 주변 환경부터가 달라졌기 때문이다. 스스로 무슨 일을 할지, 무슨 일을 하지 않을지 선택할 수 있다. 지금의 모든 결정이 미래를 바꾼다.

우리는 고통을 완결 지을 수 있다. 확장할 수 있다는 믿음을 가지고 미래의 시나리오를 써나갈 것이기 때문이다.

3장 나에게 슬픔을 허락할 권리

선의의 충고에
구속되지 말 것

**SNS 스타,
유튜버의 스트레스**

　무인도가 아니라 사회 안에서 살아간다면 어떤 그룹에
든 속할 수밖에 없다. 그렇게 되면 주변에서는 많든 적든 당
신에게 기대를 품고, 무엇이든 충고하거나 알려주려고 할
것이다. 그런데 이런 기대와 충고가 당신에게는 스트레스가
되고 나아가 우울증을 일으키는 요인이 되기도 한다.

　주변의 조언에 가시가 돋쳐 있거나 의도가 불순하다면
또는 당신이 입장을 제대로 설 수 있는 상황이라면 당신은
그런 것들은 받아들이지 않을 것이다. 사람에 따라서는 단
지 거부하기가 힘들어서 전부 받아주는 경우도 있겠지만 말
이다.

무엇보다 어려운 경우는 주변 사람들이 진심 어린 호의에서 당신에게 기대하거나 충고할 때다. 그러면 당신은 모순과 고민에 빠진다. 주변 사람뿐 아니라 자기 자신과도 싸워야 할지 모른다. 그들이 바라는 모습이 되기를 당신도 원하지만 지금은 능력이 미치지 못해서 해낼 수 없기 때문이다.

원하지만 해낼 수 없는
일이 주는 좌절감

좋은 뜻으로 하는 충고와 조언은 당신에게 도움이 되면 되었지 나쁠 게 없다. 하지만 당신은 그런 이야기를 들을 때 기분이 좋지 않다. 현실적으로 지금 이 순간 마음속 목소리에 따라 행동할 수 없기 때문이다. 충고를 따르려면 그게 무엇이든 내가 할 수 있는 계획보다 빨리 해야 하고 더 노력해야 한다. 외부 상황과 내면의 불일치가 생기고, 스트레스가 뒤따른다.

반대로 관심 어린 충고를 따르지 않는다면 어떨까? 왠지 고마운 줄 모르는 양심 없는 사람이 된 것 같을 것이다. 그래서 마음속 깊은 곳의 진짜 기분과 생각을 전보다 더 표현하기 어려워진다.

3장 나에게 슬픔을 허락할 권리

이런 생각에는 더 깊은 심리 상태가 반영되어 있다. 당신이 삶에서 충분히 권위를 갖고 모든 것을 책임지고 주재하는 존재가 아니기 때문에 벌어지는 일인 것이다. 자기 삶의 주재자가 되지 않으면 그만큼 쉽게 외부 자극에 흔들린다.

예를 들어보자. 당신은 친구들과 맛집 정보를 공유하려고 블로그와 유튜브 채널을 개설했다. 그런데 운영을 너무 잘했던 모양인지 인기가 좀 생겼다. 그때부터 주변 사람들이 당신에게 이런저런 충고를 하기 시작했다. 블로그에 글을 쓸 때는 이런 형식으로 쓰는 게 보기 좋다, 사진을 그렇게 찍으면 안 된다, 일주일에 한 번 새 영상을 올리는 것은 너무 느리다, 적어도 이틀에 한 번씩은 올려라…….

많은 충고와 조언이 쏟아졌고 당신은 점점 불안해졌다. 밥을 먹어도 맛이 없고 잠도 오지 않았다. 자신의 부족한 점만 생각났다. 원래는 그저 취미로 하던 일이었는데 지금은 어쩐지 전문 유튜버처럼 잘해야 할 것만 같다. 물론 당신도 지금보다 더 잘하고 싶다. 하지만 주변에서 원하는 만큼 빠른 속도로 발전하지는 못할 것 같다. 실제로 사람들의 기준에 맞추지 못하고 있다. 사람들이 시기심을 품고 나쁜 의도로 충고해주는 게 아닌 줄은 알지만, 지금은 그들의 호의가 스트레스일 뿐이며 곧 스트레스 임계점을 넘을 것만 같다.

타인의 호의에서 벗어나
스스로 책임을 지는 삶

앞의 예와 유사한 상황에서 벗어나려면 내 삶의 모든 부분을 스스로 책임질 수 있어야 한다. 그래야 타인의 호의에 속박되지 않는다.

성공하기를 바란다, 좋은 직장에서 승승장구하기를 바란다, 좋은 배우자를 만나기를 바란다……. 좋은 아빠, 남편, 아들, 사위가 되라는 충고나 좋은 엄마, 아내, 딸, 며느리가 되라는 충고는 어떤 점에서 보면 잘되라고 해주는 말이고 잘못된 말도 아니다.

우리 역시 스스로 더 좋은 모습으로 변화, 발전하기를 바란다. 지금보다 못난 사람이 되기를 바라는지는 않는다! 그래서인지 좋은 뜻에서 건네는 충고가 주는 스트레스를 제대로 알아차리지 못한다. 타인의 호의에 속박되어 점점 더 힘들어지는데도 벗어나기가 어렵다.

그래서 타인의 호의에 얽매이지 않으려면 우선 자기 삶의 주재자가 되어야 한다는 것이다. 주재자가 된다는 것은 스스로 모든 책임을 진다는 말과 같다.

삶에서 모든 책임을 지는 경험이 왜 중요할까?

그 경험은 곧 인생의 주도권이 나에게 있다는 것을 의미하기 때문이다. 힘들고 우울한 모든 상황과 부정적 경험을 바꿀 능력이 내게 있다는 뜻이기도 하다. **스스로 자기 자신을 바꿀 수 있는 위치에 서라. 주변 환경과 타인의 영향에서 벗어나라.**

지금 내 삶을 전부 책임진다는 각오가 없으면, 책임지고 싶지 않거나 책임질 필요가 없다고 믿고 싶어진다. '그게 왜 내 잘못이야?'라고 생각하고 싶어진다.

'내가 아니라 그 사람 잘못이다. 스트레스를 준 그 사람 탓이다. 나는 잘못이 없다.'

'그 사람이 기대한다고 밀어붙여서 이렇게 된 거니까 책임도 그 사람이 져야 한다. 나는 책임지지 않아도 된다……'

책임을 회피하면 자신이 겪는 모든 문제를 전부 외부 탓으로 돌릴 수 있다. 다른 사람 때문에 생긴 일이라고 여길 수 있다. 하지만 **분명한 것은 나 자신을 바꾸는 것이 다른 사람을 바꾸는 것보다 훨씬 쉽다는 사실이다.**

앞에 나온 유튜버의 이야기로 돌아가보자. 당신은 글과 영상을 천천히 올리고 싶다. 블로그에 글을 쓸 때도 간단하게 쓰는 게 좋다. 복잡하고 화려하게 꾸미고 싶지 않다. 음식 사진을 찍을 때도 당신이 좋아하는 구도와 색감이 있다. 그렇다면 당신은 그저 자신의 취향과 감정을 인정하고 존중하면 된다. 마음이 원하는 대로 따르면서 삶의 주재자가 되면 타인의 영향력에서 벗어날 수 있다.

자신을 이해하지 못할수록
안정감을 느낄 수 없다

자기 의견이 없는 사람, 뭘 하든 남의 의견을 참고해야 하는 사람은 외부의 충고를 거부하지 못한다. 줏대가 없으니 남의 말에 휘둘리는데 결국 자기 자신을 이해하지 못하기 때문이다. 자신이 어떤 능력을 가지고 있는지 활용할 수 있는 자원에는 무엇이 있는지 앞으로는 어떤 방향으로 발전해가면 될지 이런 것들을 깊게 생각해본 적이 없기 때문이다.

다른 사람이 조언해주거나 아예 대신 결정해주기를 바란 적이 있는가? 언제 그런 마음이 들었는지 생각해보자. 스스로 정확한 방향성을 가지지 못했을 때 그렇다. 주변의 여러 가지 의견은 참고만 해야 한다. 삶에서 주요한 결정은 결국 스스로 할 수밖에 없다. 어쨌든 내가 사는 내 인생이니까.

남에게 결정권을 주는 게 좋은 점도 있지만 결과가 나쁘면 심리적인 방어기제가 발동하여 왜 내 인생에 끼어들었느냐고 그 사람을 원망하게 된다. 그렇게 되면 관계도 망가질 뿐더러 반성하는 법을 배울 기회, 실패를 딛고 일어설 기회, 문제를 해결할 능력을 키울 기회도 잃게 된다.

3장 나에게 슬픔을 허락할 권리

호의를 거절하려면
큰 용기가 필요하다

우리는 남의 기분에 신경을 많이 쓴다. 좋은 뜻으로 한 말인데 거절하면 상대가 기분이 나쁠까봐 호의를 잘 거절하지 못한다. 하지만 호의라고 해서 다 받아들여야 하는 것은 아니다. 의도는 선했지만 그 말을 한 시기가 잘못되었을 수도 있다. 각자 자신의 계획이 있고 흐름이 있으니 거기에 맞지 않으면 충고를 받아들이지 않아도 된다.

적절하게 타인의 호의를 거절하는 일은 내 인생을 내가 책임진다는 마음가짐이자 연습이 필요한 용기다. 용기는 외부의 자극에 대항할 때만 필요한 것이 아니다. 진정한 나 자신으로 살려고 할 때 더 필요하다. 그래야 선의의 속박에서 해방될 수 있고 미소우울증의 고통에서 벗어날 수 있다.

인생을 전부 책임지려면 좋은 뜻에서 주는 부담감으로부터 벗어나야 하며 그래야 자기 삶의 주재자가 될 수 있다.

모든 답은
유연한 태도에서 나온다

칭찬은 무시하고
비판만 기억하는 성격

10여 년 전, 대학원을 다닐 때 거식증 환자에 대한 연구 자료를 읽은 적이 있다.

연구팀은 환자들에게 거울에 비친 자기 모습을 보면서 몸매와 체형에 대해 평가하라고 했다. 놀랍게도 거식증 환자들은 자신이 실제보다 뚱뚱해 보인다고 말했다. 몸매가 마음에 안 든다고, 더 엄격하게 식사를 조절하겠다고 했다. 지나친 식단 조절로 이미 건강 상태가 크게 나빠졌는데도 몸이 보내는 경고 신호를 완전히 무시했다.

이런 사례를 보면 감각왜곡이라는 개념이 생각난다. 감각왜곡 역시 우울증의 주요 원인 중 하나다.

3장 나에게 슬픔을 허락할 권리

감각왜곡이란 무엇일까?

우리는 누구나 자신의 주관적 세계에서 살아간다. 그래서 개인의 판단, 신념, 태도, 가치관이 특정 사건의 의의나 영향력을 결정하게 되는 것이다. 하나의 사건이 사람에 따라 완전히 다른 결과로 나타나는 것도 그래서다.

키 165센티미터에 50킬로그램, 체지방률이 20퍼센트밖에 안 되는 젊은 여성이 있다고 하자. 대다수 사람이 이런 몸매를 부러워할 것이고 어떤 사람은 많이 말랐다고 생각할 것이다. 하지만 이 여성 본인은 감각왜곡 때문에 거울에 자신을 비쳐보면 몸무게가 10킬로그램 정도 더 나가는 것처럼 보인다. 옷을 입을 때도 가장 작은 사이즈가 맞지 않으면 살이 쪄서 그렇다고 생각하고 자신의 나태한 생활 습관이나 먹고 싶은 것을 참지 못하는 약한 의지력 등을 비하한다. 이러한 자기비판은 이 여성을 점점 더 불안과 우울 속으로 밀어 넣을 것이다.

이런 감각왜곡의 문제를 겪는 사람이 적잖다. 단지 아름다운 외모를 추구하는 것에 그치지 않는다. 감각왜곡은 다양한 측면에서 제각기 다른 정도로 나타난다. 예를 들어 보자. '내 인스타그램의 팔로워는 몇 명이나 될까?' '내 글에 '좋아요'를 누른 사람은 몇 명일까?' '내가 올린 영상을 몇 명이 봤을까?' 분명히 많은 숫자인데도 늘 부족하다고 느끼는 사람도 감각왜곡 문제를 겪고 있는 것이다. 댓글에 따뜻하고 좋은 말도 많은데 꼭 악의적인 말만 기억하는 것도 그렇다.

감각왜곡은 자신의 시각에서만 상황을 이해하고 현실을 제멋대로 해석하는 것이다. 다른 사람의 의견과 생각 등을 참고하지 못하고, 어떤 일이든 원인이나 동기를 알아차리고 받아들이는 데 어려움을 겪는다. 따라서 실제로는 더 많은 다른 가능성이 있는데도 자신의 입장과 모순되면 그런 가능성이 보이지 않는다.

고집스럽고 꽉 막힌 사람이 떠오른다. 아무리 열심히 설명해도 자기 의견을 굽히지 않고, 다른 사람 말은 전혀 듣지 않는 사람 말이다. 우리는 그런 사람을 만나면 '성격이 나쁘다', '속이 좁다'라고 생각한다. 그런데 다른 가능성이 하나 더 있다. 감각왜곡 문제를 겪고 있어서 그 사람이 보고 듣고 이해하는 사실이 남들과 크게 다를 수 있다.

물론 반대로 생각해볼 필요도 있다. 우리 자신이 감각왜곡을 겪고 있을 가능성을 말이다. 내 감각에 문제가 있는데도 '당신은 마땅히 내 판단과 가치관에 따라야 한다'라고 굳게 믿고 있다면? 그래서 내가 옳다고 주장했다면? 그랬을 수도 있다. 어쨌든 전부 가능성이다.

감각왜곡과 우울증

감각왜곡은 인간관계에서 갈등을 불러일으키며 우리 자신에게 고통을 준다.

인간은 같은 의견을 좋아하는 재미있는 특징이 있다. 모두의 의견이 일치하면 편안해지고, 동질감을 느낀다. 의견이 같은 사람을 지지하고, 같은 신념과 가치관을 지닌 사람을 보호한다. 정당을 생각해보면 확실해진다. 의견이 다르고 입장이 갈려서 일치성이 사라지면 당원들은 불편함을 느낀다. 따라서 논쟁하고 반박하는 과정을 거쳐서 다시 의견이 일치된 상태로 돌아가려고 한다.

그런데 사람들이 모두 각자의 감각왜곡 문제를 가지고 있다면 불필요한 충돌과 분쟁이 발생할 수밖에 없다.

그렇다면 감각왜곡은 언제 우리에게 고통을 줄까? 객관적인 현실이 명백히 양호한데도 혼자서만 아직 부족하다거나 문제점이 많다고 생각할 때 그렇다. 예를 들어 기말고사에서 90점을 받았다고 하자. 다른 친구들은 그보다 점수가 훨씬 낮아서 부러워하는데 혼자 '다섯 문제나 틀리다니 나는 멍청이야' 따위의 생각을 하는 상황인 것이다. 가볍게는 낙담하는 정도에 그치겠지만 심해지면 우울해진다.

우울증에 대한 오해들

감각왜곡이 일어나면 사실을 그릇되게 이해하고 현실을 실제와 다르게 받아들인다. 자기 자신을 인식하는 데도 문제가 생긴다. 심리상담사로 일하면서 쭉 '나는 어떤 사람인가?'를 아는 것이 삶에서 가장 중요한 문제라고 생각해왔다. 인간의 정신세계를 하나의 우주라고 본다면 생각과 감정, 그리고 인간관계를 비롯한 삶의 여러 가지 사건들은 거대한 은하라고 할 수 있다.

어떤 사람은 자신을 이해하려고 하지 않거나 제대로 이해하지 못한 채 살아간다. 그리고 또 한 가지 경우는, 바로 자신을 잘못 이해하는 것이다.

그런 사람은 점쟁이가 해석해준 사주팔자 내용이나 심심풀이 심리테스트의 해석 정도로 자신을 이해하고 거기서 더 발전하지 않는다. 한번 정보를 입력한 뒤에는 수정, 보완도 없이 평생 그대로 믿고 살아간다. 시간이 흘러도 자기상을 바꾸지 않고 끝까지 캐물으며 답을 얻으려고 하지도 않는다. 그래도 편안하고 행복하게 살고 있다면 상관없겠지만 행복하지 못하다면? 행복하지 못하다면 불안하든지 아니면 우울하든지 둘 중 하나일 것이다. 보통 불안과 우울은 동시에 온다.

브래드 스톨버그Brad Stulberg가 지은《최고의 퍼포먼스Peak Performance》라는 책에 정말 좋아하는 문장이 있다. "사슬의 견고함은 그 사슬에서 가장 약한 부분이 결정한다."

한 사람의 심신 건강은 사슬이 얼마나 견고한지를 측정하는 것과 유사하다. 그렇다면 사슬에서 가장 약한 부분은 사람에게 무엇을 의미할까? 육안으로는 보이지 않는 심리 요소일 것이다.

자살 소식이 언론에 보도될 때마다 자살자와 가까웠던 사람들은 충격에 빠진다. 믿기 힘들어한다. "분명히 잘 지내고 있었는데? 며칠 전에도 웃으면서 대화했는걸!" "지난주에 같이 밥을 먹었는데 언제 시간 내서 해외여행을 가자고 약속도 했어." "그 사람이 왜 자살을 한 거지?" "왜 그런 극단적인 생각에서 벗어나지 못한 걸까……?"

그들은 자살해버린 친구가 미소를 띤 가면을 쓰고 있었다는 것을 알아차리지 못했다. 그 사람의 마음속에는 깊은 바다와 같은 우울이 펼쳐져 있었다.

한 사람의 마음을 이해하는 일이 표상을 이해하는 것처럼 쉬울 리가 없다.

인내심을 가지고
유연해져라

감각왜곡 문제를 해결하려면 우선 유연성을 길러야 한다. 맞붙어 싸우는 것으로는 좋은 결과가 나오지 않으며 시간만 낭비될 뿐이라는 점을 확실히 기억해야 한다.

미소우울증 환자를 돕고 싶다면 우선 나 자신의 감각 왜곡을 이해하고 더 많은 가능성을 포용하는 자세가 필요하다. 그들을 이성적으로 설득해서는 소용이 없다.

갈등하고 싸우는 것 역시 이성적인 설득 방식에 속한다. 대부분 내가 하는 말을 저 사람이 들어주고 따라주기를 바라면서 하는 행동이다. 이런 행동은 상대방의 심리적 방어기제를 건드려서 더 격렬하게 대립하게 만들 뿐이다. 그 사람이 내 말을 믿고 싶지 않아서 버티는 것이 아니라 오랫동안 감각이 왜곡된 탓에 본인만의 주관적 세계가 곧 현실이 된 것이다.

입장을 바꿔서 생각해보면, 우리 역시 쉽게 설득되지 않을 것이다. 그렇지 않은가? 우울증 환자를 도우려면 무엇보다 인내심이 필요하다.

기다릴 줄 알아야 한다. 기다림 속에 삶의 지혜가 완성될 것이다.

회피해온 부정적인 감정을
직시하라

**평가에 휘둘리는 습관
버리기**

"어떻게 신경을 안 씁니까?"

우리는 누구나 타인의 평가를 신경 쓰며 살아간다. 차이가 있다면 각자 신경 쓰는 수준과 평가받는 항목이 많은지 적은지의 정도일 것이다.

미소우울증을 일으키는 위험 요소 중에 사회문화적 가치관이 있다. 가치관은 개인마다 달라 보여도 사회문화의 영향을 매우 깊게 받는다. 주변 사람, 사건, 사물에 저도 모르는 사이에 감화되어 형성되는 것이 가치관이기 때문이다. 만난 사람, 읽은 책, 태어나고 자란 가정, 어떤 사회에서 살았는지, 어떤 시대를 살았는지 등이 전부 한 개인의 가치관을 이룬

다. 다만 우리는 습관이 되고 적응이 돼서 사회문화를 가치관으로 받아들인다는 사실을 잘 인지하지 못한 채 살아간다.

가치관 때문에 생기는
평가 불안

가치관의 영향이 왜 이렇게 중요할까? 가치관이 우리 내면 깊숙한 곳에 평가에서 대한 불안을 조성하기 때문이다. 말하자면 우리는 시시때때로 자신의 행동을 검토하고 걱정하면서 사회적 기준에 부합하는지 살핀다. 예를 들어보자.

'다른 사람이 나를 어떻게 생각하지? 나를 어떻게 평가할까?'

'그 사람은 나를 몇 점으로 평가할까? 괜찮은 점수일까?'

'잘해내지 못하면 어떡하지? 나를 이상한 사람으로 보지 않을까?'

그래서 루저 같은 단어가 생겨났다. 남자는 쉽게 울면 안 된다는 금기나 명문대를 졸업하면 대단하다는 식의 가치관과 사회적 기준도 형성되었다. 그 뒤를 따라 겹겹이, 층층이 스트레스와 속박이 이어진다.

만약 사회에서 '나이가 차면 결혼을 해야 한다', '대를 이어야 한다', '불효 중에 가장 큰 불효가 자손을 남기지 않는 것이다' 같은 생각을 주입하지 않았다면 노처녀, 외국인 아내, 대리모, 시험관 아기 등의 문제는 나타나지 않았을 것이다. 결혼을 했는지, 했다면 어떤 사람과 몇 살에 했는지, 아이는 있는지, 있다면 아들인지 딸인지 등은 어떠한 표준도 될 수 없었을 것이다.

사회문화와 주변 환경의 가치관이란 도량형과 비슷하다. 누구나 도량형에 따라 측정되고 문제가 있으면 불합격 딱지가 붙으며 구체적인 점수로 평가받는다. 이런 꼬리표, 점수 등에는 억압의 의미가 담겨 있다. 표준에 부합하지 않거나 낮은 점수를 받았다는 것은 곧 수치스러운 일이 된다. 그래서 점수가 높지 않거나 결혼하지 않았거나 아이를 낳지 않았다는 것이 야유, 조롱, 모욕을 당하는 이유가 된다.

독불장군이 되지 않으려고, 튀지 않으려고 우리는 자기 자신을 사회 기준에 억지로 맞춘다. 감정을 드러내는 것을 칭찬하지 않는 사회의 구성원들은 자신의 심리 상태를 억누르고 부정한다. 감정을 노출하면 주변의 관심이 집중되고 주변 사람들은 그 감정이 약자의 결점, 연약함, 쓸모없음, 무능함이 표출된 거라고 여긴다.

이런 사회에서 살면 제대로 울 수 있을까? 불가능하다. 마음속 진짜 고민을 털어놓을 수 있을까? 불가능하다. 세상의 평가를 무시하고 진정 원하는 일을 추구하면서 살 수 있을까? 다른 사람이 나를 어떻게 생각할지 신경 쓰지 않고 산다는 것은 정말 어렵다. 그러지 않았다면《미움받을 용기嫌われる勇気》가 그렇게 잘 팔렸을까?

마음이 괴로워도
표현할 수 없다

주변의 가까운 이에게 괴로움을 토로했는데 그 사람이 별것 아닌 일로 호들갑을 떤다면서 문제를 해결하지 못하는 것은 충분히 노력하지 않았기 때문이라고 말할 수도 있다. 그럴 때 우리는 점점 더 마음속 고민을 입 밖으로 꺼낼 수 없게 된다.

도움을 청하고 싶은데 더 노력하라는 가치관과 분위기에 둘러싸여 있다면 루저 취급받을 이야기를 어떻게 털어놓을 수 있을까? 이런 문제가 남성들에게서 흔히 나타난다. 마음속 고민을 숨기고 몇 년 동안이나 아무렇지 않은 듯 지낸다. 가끔 술을 마시는 것으로 기분을 풀기도 하지만 결국에

3장 나에게 슬픔을 허락할 권리

는 알코올 중독으로 이어지기도 한다. 이런 상황이니 알코올 중독이 우울증의 또 다른 증상이 아니라고 할 수도 없다.

남성들은 대부분 억압되어 있고, 가족을 부양해야 한다는 부담감에 짓눌려 있다. 남자라면 패배해도 울어서는 안 된다. 울면 가장으로 대우받을 수 없다. 실직했는데 가족들에게 말하지 못하고 매일 출근하는 척 집을 나서서 공원에서 시간을 보낸다는 사연이 나오는 것도 이 때문이다. 그렇지 않으면 집에 틀어박혀 컴퓨터 게임만 계속하면서 현실을 직시하지 않고 피한다.

그들에게는 힘든 마음을 하소연하는 것, 눈물을 흘리는 것이 부끄러운 일이다. 도움을 요청하는 것은 패배했다는 상징이며 그런 인간은 남자도 아니다. 남자도 아니라는 꼬리표는 치욕이고 오점이 된다. 사회 집단 내에서 업신여김을 받고 아무나 그를 손가락질 할 수 있다는 뜻이 된다. 이런 상황이 길어지면 감정을 억누르고 부정하기만 하다가 문제가 심각해져서 주변 사람에게 도움을 받아야 하는 상황이 와도 인정하지 않곤 한다.

여자 같은 목소리, 잘 우는 성격을 가진 놈은 남자도 아니다⋯⋯. 우스갯소리처럼 들리지만 얼마나 많은 남자들이 저런 꼬리표를 두려워하는지 모른다. 우리는 사회가 전보다 많이 진보했다고 생각하지만 사실상 진보는 거북이걸음으로 느릿느릿 진행되고 있을 뿐이다.

오로지 사회의 평가 때문에 고통스러운 것만은 아니다. 그들은 스스로도 자신을 평가하고 있다. 사회문화의 가치관이 내면화되어 있으니 당연한 일이다. 사회와 똑같은 기준을 세워놓고 "멈춰서는 안 된다", "반드시 성공해야 한다", "남자라면 마땅히 어떤 어려움도 이겨내야 한다" 따위의 말로 자신을 검열한다. 그렇게 스트레스는 점점 과중해지고 가치관의 족쇄도 점점 견고해진다.

평가 불안을 이겨내려면
먼저 내면에 있는
부정 메커니즘부터 살피자

한 나라만의 문제는 아니다. 전 세계적으로 남성의 이미지는 대개 독립적이고 용감하며 강인한 쪽으로 치우쳐 있다. 그래서 눈물 많고 유약하며 섬세하고 도와달라고 요청하는 남자들은 기준에 부합하지 못하는 것으로 평가된다. 남성성을 규정하는 이런 이미지들은 전 세계 남자들을 평생 옥죄는 굴레로 작용한다. 남자들은 어디서나 자기 마음을 잘 표현하지 못하고 진정한 감정을 깊숙이 숨긴다.

3장 나에게 슬픔을 허락할 권리

그래서 병원을 찾아와 심리 문제를 해결하려는 남자가 여자에 비해 극히 적은 것이다.

부끄러운 상황이 오면 돌연 화를 내는 사람을 본 적이 있는가? 이런 태도가 바로 부정 메커니즘이다. 속 깊은 감정을 인정하지 않는 것은 유연성이 부족하고 감정을 표현하는 범위가 좁기 때문이다. 잘못을 지적당하면 펄쩍 뛰면서 화를 내거나 어떻게든 반박하려고 한다. 들키고 싶지 않은 약한 부분을 보였기 때문이자 숨기고 싶은 감정이 건드려졌기 때문이다.

마음속 고민을
털어놓는 것은 나부터

편안하게 믿음을 주는 사람이 꼭 가족이지는 않다. 친구일 수도 있다. 친구는 당신을 받아들여주고 포용해줄 수 있을 뿐 아니라 가족보다 요구사항이나 기대감이 적다.

비밀은 퍼트리고 싶은 갈망을 품고 있고 감정은 흘러나가야 한다. 그런데 마음의 문제를 털어놓았다가 별것 아닌 일로 치부되거나 타인이 쳐놓은 벽에 부딪힐까 봐 두려위 말하기가 어렵다. 마음의 문을 계속 닫아두면 점점 더 우울해진다. 미소우울증 환자는 '난 괜찮아'라는 가면을 쓰고 있지만, 그들이 정말로 괜찮은 것은 아니다. **그들은 자신의 상황을 누구에게 털어놓아야 하는지, 털어놓아도 될지, 누가 귀 기울여 들어줄지, 도와주려는 사람이 있을지 마음을 정하지 못해 숨기고 있을 뿐이다.**

만약 주변에 미소우울증을 앓는 친구가 있다면 어떻게 도와주어야 할까? 어떻게 해야 그 사람이 자신의 심리적 문제를 털어놓을 수 있을까?

정답은 **나부터 먼저 비밀을 털어놓는 것이다.** 누군가의 진실한 인생 이야기는 듣는 이의 마음을 움직인다. 진심의 힘은 대단히 크다. 나부터 내면의 이야기를 꺼내는 것은 미소우울증 환자가 방어기제를 내려놓게 하는 좋은 방법이다.

3장 나에게 슬픔을 허락할 권리

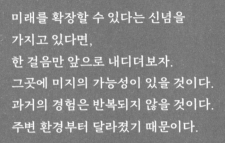

미래를 확장할 수 있다는 신념을
가지고 있다면,
한 걸음만 앞으로 내디뎌보자.
그곳에 미지의 가능성이 있을 것이다.
과거의 경험은 반복되지 않을 것이다.
주변 환경부터 달라졌기 때문이다.

스스로 무슨 일을 할지,
무슨 일을 하지 않을지 선택할 수 있다.
지금의 모든 결정이 미래를 바꾼다.
우리는 고통을 완결 지을 수 있다.
확장할 수 있다는 믿음을 가지고
미래의 시나리오를
써나갈 것이기 때문이다.

나는 언제
즐겁고 기쁜가

**행복을 부르는
열 가지 생각**

예일대학교에서 300여 년 역사를 통틀어 가장 인기 있는 강의가 바로 로리 산토스Laurie Santos 교수의 행복 수업이다. 예일대학교 학생 중 4분의 1이 이 수업에 몰려든다. 이 강의에서 로리 산토스 교수는 즐거워지는 방법을 알려준다. 정답은 복잡하지 않다. 오히려 상당히 단순한 편이다.

산토스 교수는 우리가 평생 믿어왔던 '성공이 즐거움, 돈, 명예, 지위를 가져오는 행복한 인생의 보증서'라는 법칙을 뒤엎는다. 산토스 교수가 제시하는 행복해지는 열 가지 생각을 살펴보자.

1. 우리에게는 자신을 즐겁게 할 능력이 있다

우리는 즐거움을 외부 존재에 의존하는 경향이 있다. 동시에 자기 자신이 즐거움을 만들어낼 수 있다는 사실을 믿지 않는다. 행복을 느끼고 기쁨을 만끽하는 것에 대해서도 비슷하게 생각한다. 관점을 조금만 바꾸면, 그리고 내면을 더 많이 관찰하면 우리는 아주 작은 사물에서도 즐거움을 느낄 수 있다는 사실을 알게 될 것이다.

눈을 감고 오늘 있었던 일을 떠올려보자.

언제 즐거웠을까? 아침에 공원을 지나가면서 귀여운 강아지를 봤을 때? 또는 출근길에 초록빛으로 물든 공원을 가로질러 지나갔을 때? 아니면 점심시간에 식당에 줄을 섰는데, 앞에 서 있던 남자가 순서를 양보해줬을 때는 어떨까? 또는 식판을 들고 구내식당을 돌면서 빈자리를 찾는데 마침 딱 좋은 자리가 눈에 띄었을 때?

생각의 방향과 집중할 부분을 바꾸면 기분도 바뀐다. 그렇게 행복의 주인이 될 수 있다.

2. 외부 환경과 일상생활 속 사건은 생각만큼 중요하지 않다

외부 환경과 일상에서 벌어지는 사소하거나 또는 중대한 사건들은 우리 감정에 영향을 끼친다. 하지만 우리 인생에는 그다지 결정적인 영향을 주지 못한다.

3. 연습하면 점점 더 즐거워진다

즐거워하는 것은 연습과 훈련으로 강화된다. 유전자에 새겨진 능력이 아니기 때문에 즐거워지는 방법을 배우고 연습을 거듭하면 다양한 방식으로 능력을 개발하고 강화할 수 있다.

말하자면 글쓰기나 달리기, 악기 연주와 비슷하다. 태어날 때부터 작가인 사람은 없다. 훈련을 하지 않고 마라톤을 완주할 수 있는 사람도 없고, 배우지 않고도 첼로를 연주할 수 있는 사람도 없다. 이 부분에 대해서는 이 책의 신경가소성에 관한 부분을 읽어보기 바란다.

4. 마음이 나를 속이기도 한다

　　과학과 이성을 숭배하는 시대지만 그럴수록 "영리한 사람은 영리해서 실수한다"라는 말이 들어맞는 것 같다. 우리는 머릿속 생각을 조금도 의심하지 않는다. 과학적인 발견도 사기극이 가능하다는 것을 잊지 말자. 지금은 우리가 진리라고 떠받드는 지식도 10년 또는 30년 뒤에는 뒤집힐 수 있다.

　　우리는 성공하면 즐겁다고 믿었고 부유하면 행복해질 거라고 믿었다. 물론 경제적으로 자유로우면 즐거워질 가능성이 높다. 하지만 돈이 행복을 보장해준다면 호화저택에 살면서 수면제와 항우울제를 먹는 사람은 어떻게 된 일일까?

5. 사람들과 교류하면 즐거워진다

　　무수히 많은 연구 결과로 이미 증명된 사실이지만 인간은 타인과 연결되어야 한다. 혼자서도 살 수 있다면 사람들이 왜 페이스북과 인스타그램에 큰일이든 작은 일이든 자신의 근황을 알리지 못해 안달일까? 가족, 친구, 친척 외에도 얼굴 한 번 본 적 없는 온라인상의 친구들까지 서로 격려하고 위로하고 응원해주는 사이가 될 수 있다.

우리는 타인에게 보여지기를 갈망하고 또 반응을 얻고 싶어 한다. 다른 이와 연결되어 인정받고자 한다. 이런 심리적 욕구가 SNS에서 소식을 주고받는 현상을 만들었다. 그러나 우리에게는 진실한 인간관계로 돌아가고 싶다는 욕구도 있다. 누구나 휴대전화나 컴퓨터 모니터를 사이에 둔 관계가 아니라 바로 옆에서 내 이야기에 귀 기울여주고 눈 맞춰줄 사람을 원할 것이다.

6. 이타적인 행동을 하면 더 즐거워진다

타인을 도우면 진심 어린 미소와 감사 인사를 받을 수 있다. 그런 반응을 들으면 자신의 존재 가치를 느낄 수 있다.

그뿐 아니라 타인에게 주의를 기울였을 때, 머리를 쥐어짜서 타인의 문제를 해결할 방법을 찾아냈을 때, 우리는 일상의 지리멸렬한 일에 쏟았을 시간과 정신력을 아낀 셈이 된다. 그런 일은 생각할수록 더 우울해지기만 하지 않던가. 어떻게 해볼 도리가 없는 일에 쓸데없이 집착하는 시간이 완전히 사라진 것은 아니지만 적어도 줄어든 것이다.

7. 매일 감사하라

감사 연습은 많은 유명인사들이 추천하는 방법이다. 그만큼 감사하기가 중요하다는 뜻이다. 페이스북이나 인스타그램에 글을 올려서 감사할 일을 기록해도 좋고 수첩에 수기로 기록해도 좋다.

감사 연습을 하면 왜 마음이 안정될까? 원리는 간단하다. 우선 내가 이미 가지고 있는 것들에 집중할 수 있고 갈망하지만 가지지 못한 것들에 신경 쓰지 않을 수 있다.

우리는 무언가를 가졌을 때 만족하고 잃어버리거나 결핍되면 괴로워한다. 그러니 매일 감사 연습을 하면서 내 주변에 이미 존재하고 있는 것들을 살펴보는 것이 좋다.

8. 건강한 습관이 중요하다

좋은 생활 습관의 중요성이야 더 말할 것이 없지만, 핵심은 실천이다. 건강한 식사 습관, 운동 습관, 수면

습관 등은 모두 정서를 안정시켜준다. 건강하지 않은데 즐거울 수 있을까?

나는 이에 더해 수면의 형태가 당신에게 달려 있다는 사실을 알려주고 싶다. 만약 당신이 보통 성인의 평균 수면 시간만큼 자지 못하더라도 불안하거나 우울할 필요가 없다. 수면의 질이 좋지 않다고 걱정하는 것이 도리어 스트레스가 될 수 있다. 깨어 있는 동안 충분히 활력 있고 일상에서 활동하는 데 지장이 없으면 괜찮다.

9. 나만의 시간을 가져라

아주 평범해 보이는 말이지만 그 안에는 예리한 질문이 겹겹이 담겨 있다. 표층적으로는 '나만의 시간이 있습니까?'를 묻고 있고, 심층적으로는 '삶을 통제하고 지배할 수 있습니까?' 또 한 단계 들어가서는 '당신의 자아가치감은 높은가요, 낮은가요?'를 묻고 있다.

결론적으로 말해서 자신을 가장 중요한 위치에 두고 살아가고 있느냐는 질문이다. 계속 흘러가는 시간을 나 자신을 위해서 남겨두었는지 아니면 타인의 요구와 명령을 만족시키는 데 먼저 할애하고 있는 것은 아닌지 묻고 있는 것이다. 우리는 자기 자신을 덜 중요하게 여기면서 타인에게 먼저 시간을 쏟고 남은 일부의 시간만 자신에게 남겨두는 경향이 있다.

시간은 금이라고 하는데 나는 시간은 생명이라고 말하고 싶다.

10. 현재를 즐겨라

현재를 살아가면 즐거울 수 있다. 우리가 장악할 수 있고 바꿀 수 있는 것은 현재뿐이다. 과거는 지나갔고 미래는 오지 않았다. 불안과 우울에 잠식된 사람은 대개 과거를 후회하고 미래를 두려워한다. 그런데 과거도 미래도 우리 손에 쥐여질 수 없다. 노력해도 소용이 없다.

하지만 현재는 눈앞에 있다. 눈앞에 있는 것이 바로 즐거움이다. 눈앞에 있는 모든 것을 볼 수 있고 들을 수 있고 냄새 맡을 수 있지 않은가? 바꿔 말해서 눈앞의 모든 것을 느낄 수 있지 않은가? 빵 가게 앞을 지나갈 때 풍겨오는 갓구운 빵 냄새. 집 밖으로 나오는 순간 뺨을 스치는 부드러운 바람. 이런 작은 느낌 하나하나를 즐기게 되면 우리는 더 행복해질 수 있다.

지금 이 순간에
충실하라

내 미래에 희망은
항상 존재한다

"살아서 뭐하겠습니까."

그 남자는 우울하게 말한 뒤 나를 쳐다봤다. 내 대답을 기다리는 것처럼 보였다. 하지만 좀 더 자세히 바라보니 그의 눈은 텅 비어 있었다. 그 사람은 그냥 저렇게 한 마디 던진 다음 내가 무슨 말을 하든지 들을 생각이 없었다. 그의 마음은 이미 꽉 닫혀 있었다.

평생 일을 해왔는데 갑자기 다 의미 없게 느껴진다고 했다. 아내도 아이도 없는 그는 오랫동안 혼자 살았다. 명절 때 가끔 고향에 내려가 가족들을 만난다고 했다. 지금 하고 있는 일을 30년 가까이 했는데 이제 와서 방황하게 된다고도 말했다.

"그럼 평소 생활은 어떠세요? 일하지 않을 때는 어떻게 지내시나요?"

내가 묻자 그는 일이 하루 중 대부분의 시간을 차지한다고 대답했다. 집에 돌아오면 매일 밤늦은 시간이고 많이 피곤하다고 했다. 젊은 시절에는 동료들과 식사를 같이 할 때도 있었지만 지금은 다들 가정을 꾸렸기 때문에 아이들이 있는 집으로 돌아가기 바쁘다고 했다. 그는 내향적인 사람으로 인간관계를 적극적으로 개척하는 사람이 아니었다. 새로운 친구를 사귀어도 그쪽에서 먼저 연락하지 않으면 대부분 혼자 시간을 보낸다고 했다. 좋아하는 취미도 특별히 없고 여가시간을 보내는 다른 일도 없다고 했다. 딱히 일 외에는 잘하거나 좋아하는 일이 없었다. 일하지 않는 시간에는 텔레비전을 보거나 공원을 산책하는 정도였고 그도 아니라면 쇼핑을 하러 간다고 했다. 그냥 그렇게 시간이 흘러갔다.

특별한 사례는 아니다. 아주 평범한 이야기다. 저도 모르는 사이에 중년의 나이가 되었고 눈을 한 번 깜빡이면 어느덧 노인이 되어 있을 것이다.

나이가 들면
쇠퇴하는 것일까?

이런 이야기가 있다. "중국인도 귀신을 무서워하고, 서양인도 귀신을 무서워한다. 전 세계 사람이 다 귀신을 무서워한다." 그런데 진짜 귀신을 본 사람이 얼마나 될까? 한편 아직 경험하지 않았지만 언젠가는 경험하게 될 일이 있다면 그것이 바로 늙는다는 것이다.

늙는 것은 문제가 아니다. 어린아이가 청소년이 되고 청소년이 성인이 되고 성인이 중년이 되고 중년이 노년이 된다. 솔직히 말해서 이런 과정은 그저 성장 단계의 일부분이다. 그러니 늙는다는 것은 조금도 나쁜 일이 아니다.

그렇다면 문제는 어디에 있을까? 많은 사람이 나이가 들면 스스로 쇠퇴하기 시작한다고 믿는 것이 문제다. 그것은 부정적인 자기 암시일 뿐이다. 사실상 주변을 잘 둘러보면 중년이 되어서도 활력 있고 멋지게 사는 사람이 많다. 노년이 되어서도 모범적인 인생이라고 할 만큼 유쾌하게 사는 사람도 많다.

몇 년 전에 《세 아저씨의 즐거운 퇴직 생활三大叔樂活退休術》이라는 책을 읽었다. 이 책은 즐거운 삶, 재테크, 건강, 이 세 가지의 중요성을 설명한다. 그중 내가 관심을 가진 부분

3장 나에게 슬픔을 허락할 권리

은 '어떻게 생활하느냐'였다.

세 명의 저자 중 톈린빈田臨斌은 막 은퇴하고 시간이 너무 많아서 매일 무슨 일을 해야 하나 고민이 많았다고 한다. 그때는 시간이 남아서 괴로웠으며, 은퇴하면 행복할 거라고 생각했는데 실제로 그렇지가 않아서 놀랐다고 한다. 일하지 않으면 즐거울 줄 알았다는 것이다.

뭘 하며 살아야 할지 모를 때, 매일 눈을 뜨는데 기대되는 일이라고는 하나도 없을 때 우리는 막막하고 무료하다. 그런 감정은 우울과 닮았다. 왜 그럴까? 우울의 특징 중 하나가 미래에 대한 희망이 없는 것이기 때문이다.

젊을 때는 대개 내가 아닌 외부의 무언가를 추구한다. 성적, 순위, 사회적 지위, 명예 같은 것이다. 또는 외모도 있겠다. 그런데 그런 삶의 방식은 언젠가는 중대한 문제에 부딪힌다. 깊은 밤 혼자 고요히 있을 때 이런 질문을 스스로 던지게 될 것이다.

'무엇을 위해서 이렇게 노력해왔을까?'

'나는 정말로 무엇을 원하는 걸까?'

'눈앞에 있는 이것들이 정말로 내가 바라던 것일까?'

인간은 기계가 아니다. 하나의 프로그램으로 평생 움직이지는 못한다. 무료하고 재미없는 인생이기만 하면 큰 문제가 아니지만 점점 자신이 헛살았다는 생각에 사로잡히면 큰일이다. 그런 다음에는 억울해진다. 이것이 중년에 위기가 찾아오는 원인이다.

자신에게 과도기를
허락하자

삶의 중요한 관문을 지나면서 또는 인생의 반환점을 도는 단계에서 미래에 대한 희망과 자신감을 잃고 우울감에 빠져드는 경우가 많다. 누구나 그렇다. 그럴 때 큰 실수를 하기도 하는데, 그것이 바로 자신에게 과도기를 허용해주지 않는 것이다.

사실 우리는 타인의 인생에서 겉으로 보이는 작은 조각만을 볼 수 있다. 그래서 빛나는 사건들 사이에 많은 고통과 고민, 좌절, 불안, 포기하고 싶었던 슬럼프 등은 보지 못하고 지나치는 것이다. 슬럼프는 누구나 겪는 과정이며 누구나 이겨낼 수 있는 과도기이다.

그런데 우리는 겉으로 드러나는 일부분만 보고 과도기의 어려움을 너무 쉽게 생각하고 넘어갈 때가 있다. 나에게는 정말 힘든 시간인데 다른 사람들이 별것 아니라고 치부하면 자신이 쓸모없다고 느껴지거나 무력해지고 점점 더 우울해진다.

　사실 성공한 사람이라면 누구나 인생에서 슬럼프를 지나왔다고 볼 수 있다. 그 시간 동안 그들도 보이지 않는 곳에서 눈물을 흘렸을 것이다. 그렇게 힘든 시기를 지나면서 차근차근 준비하지 않았다면 그 후에 다시 성공할 수 없었을 것이다.

　그러니 슬럼프에 빠졌을 때는 급하게 문제를 해결하려고 하지 않아도 된다. 나 자신에게 과도기를 허락해주자. 그런 시간을 주지 않았을 때 더 많은 문제가 일어나기도 한다. 과도기를 인정하지 않으면 계속해서 더 큰 부담과 스트레스를 받게 된다. 시간 내에 목표를 달성해야 하고 삶의 중심을 다시 찾아야 하고 살아가는 의의도 만들어야 한다고 몰아붙여서는 안 된다.

현재를 살아라,
미래를 대신해 희망을 심어라

　왜 살아야 할까? 살면서 해야 할 일, 할 수 있는 일, 할 가치가 있는 일은 정말 많다. 현재를 살면서 낯설고 신기하고 재미있는 일 중 아직 경험해보지 않은 것들이 얼마나 많을까?

　이런 사실을 잘 알아도 정작 현재를 살기란 쉽지는 않다. 사람들은 꿈이나 이상 같은 것을 너무 크게 생각한다. 대단한 업적을 세우려고 한다. 여행을 가더라도 꼭 높은 산을 오르거나 유럽 배낭여행을 가도 백 일을 채우려고 한다. 정말 쓸데없는 생각이다.

　사실 몸을 일으켜 문 밖으로 나가는 것만으로도, 모퉁이를 지나 새로 연 카페에 잠시 앉아 있는 것만으로도, 여러 브랜드의 커피 원두를 비교하며 맛보는 것만으로도, 여러 가지 로스팅 방식을 경험해보는 것만으로도 자신이 아직 더 배우고 이해할 것이 많다는 사실을 알 수 있다. 퇴근 후에 인터넷으로 커피 강좌를 들을 수도 있을 것이다. 카페에서 만난 낯선 사람과 친구가 될지도 모른다. 그 친구와 마음을 나누는 진짜 우정을 쌓을 수 있을지도 모른다.

　자신에게 과도기를 허용하라. 과도기를 지나면서 눈물을 흘려도 좋고 제멋대로 살아보아도 좋다. 절대로 자신을 해치거나 강요하지만 않으면 된다.

　그렇게 삶에 더 유연해져라. 한 걸음 한 걸음 슬럼프에서 빠져나오면 된다. 그러면 세상 곳곳에 미래의 희망이 있음을 발견하게 될 것이다.

　　　　　　　3장 나에게 슬픔을 허락할 권리

옮긴이 **강초아**

한국외국어대학교 중국어과를 졸업하고, 출판사에 다니며 다양한 종류의 책을 만들었다. 현재 번역집단 실크로드에서 중국어 전문 번역가로 활동하고 있다. 옮긴 책으로 《13·67》《망내인》《기억나지 않음, 형사》《S.T.E.P.스텝》《디오게네스 변주곡》《낯선 경험》《등려군》《실크로드 둔황에서 막고굴의 숨은 역사를 보다》《하버드 6가지 성공습관》 등이 있다.

미소우울증

초판 발행 · 2021년 5월 25일

지은이 · 홍페이원
옮긴이 · 강초아
발행인 · 이종원
발행처 · (주)도서출판 길벗
브랜드 · 더퀘스트
출판사 등록일 · 1990년 12월 24일
주소 · 서울시 마포구 월드컵로10길 56(서교동)
대표전화 · 02)332-0931 | **팩스** · 02)323-0586
홈페이지 · www.gilbut.co.kr | **이메일** · gilbut@gilbut.co.kr
대량구매 및 납품 문의 · 02)330-9708

기획 및 책임편집 · 허윤정(rosebud@gilbut.co.kr) | **제작** · 이준호, 손일순, 이진혁
마케팅 · 한준희, 정경원, 최명주(영업), 김선영, 김윤희(웹마케팅)
영업관리 · 김명자 | **독자지원** · 송혜란, 윤정아

디자인 · 여만엽디자인 | **교정교열** · 최지은 | **인쇄 및 제본** · 금강인쇄

- 더퀘스트는 (주)도서출판 길벗의 인문교양·비즈니스 단행본 브랜드입니다.
- 잘못 만든 책은 구입하신 서점에서 바꿔드립니다.
- 이 책에 실린 모든 내용, 디자인, 이미지, 편집 구성의 저작권은 (주)도서출판 길벗(더퀘스트)과 지은이에게 있습니다.
  허락 없이 복제하거나 다른 매체에 실을 수 없습니다.

979-11-6521-555-2 03180
(길벗 도서번호 040180)
정가 16,000원

독자의 1초까지 아껴주는 정성 길벗출판사

(주)도서출판 길벗 | IT실용, IT/일반 수험서, 경제경영, 인문교양(더퀘스트), 취미실용, 자녀교육 www.gilbut.co.kr
길벗이지톡 | 어학단행본, 어학수험서 www.gilbut.co.kr
길벗스쿨 | 국어학습, 수학학습, 어린이교양, 주니어 어학학습, 교과서 www.gilbutschool.co.kr
페이스북 | www.facebook.com/thequestzigy 네이버 포스트 | post.naver.com/thequestbook